珍藏本
纪念版

汉译世界学术名著丛书

经济论
雅典的收入

〔古希腊〕色诺芬 著

张伯健 陆大年 译

商务印书馆
SINCE 1897
The Commercial Press
2017年·北京

Xenophon

OECONOMICUS

THE REVENUES OF ATHENS

《经济论》是根据马强特(E. C. Marchant)的英译本(The Loeb Classical Library 版)转译的;《雅典的收入》是根据沃森(J. S. Watson)的英译本(载于 Monroe, Early Economic Thought, 1924 年版)转译的。

汉译世界学术名著丛书
（120年纪念版·珍藏本）
出 版 说 明

2017年2月11日，商务印书馆迎来120岁的生日。120年前，商务印书馆前贤怀揣文化救国的理想，抱持“昌明教育，开启民智”的使命，立足本土，放眼寰宇，以出版为津梁，沟通中西，为中国、为世界提供最富智慧的思想文化成果。无论世事白云苍狗，潮流左右激荡，甚至战火硝烟弥漫，始终践行学术报国之志，无改初心。

逐译世界各国学术名著，即其一端。早在20世纪初年便出版《原富》《天演论》等影响至今的代表性著作，1950年代后更致力于外国哲学和社会科学经典的译介，及至1980年代，辑为“汉译世界学术名著丛书”，汇涓为流，蔚为大观。丛书自1981年开始出版，历时三十余年，迄今已推出七百种，是我国现代出版史上规模最大、最为重要的学术翻译工程。

丛书所选之书，立场观点不囿于一派，学科领域不限于一门，皆为文明开启以来，各时代、各国家、各民族的思想与文化精粹，代表着人类已经到达过的精神境界。丛书系统译介世界学术经典，引领时代思想，为本土原创学术的发展提供丰富的文化滋养，为推动中国现代学术和现代化进程做出了突出的贡献。

为纪念商务印书馆成立120周年，我们整体推出“汉译世界学术名著丛书”120年纪念版的珍藏本，寄望既利于文化积累，又便于研读查考，同时向长期支持丛书出版的译者、编者和读者致以敬意。

两甲子后的今天，商务印书馆又站在了一个新的历史时间节点上。我们不仅要铭记先辈的身影和足迹，更须让我们的步伐充满新的时代精神。这是商务人代代相传的事业，更是与国家和民族的命运始终紧密相连的事业。我们责无旁贷，必须做好我们这代人的传承与创造，让我们的努力和成果不仅凝聚成民族文化的记忆，还能成为后来人可以接续的事业。唯此，才能不负前贤，无愧来者。

商务印书馆编辑部

2017年10月

译　　序

色诺芬生于公元前430年左右，卒于公元前355年以后，出生于雅典富人家庭，受过贵族教育，是苏格拉底的弟子。在政治上他基本上是站在反动的贵族奴隶主的立场。在当时以斯巴达为首的联盟和以雅典为首的联盟的斗争中，他拥护斯巴达的贵族寡头政治而反对雅典的民主政治。公元前401年，他以希腊雇佣兵领袖之一的身份，参加了波斯王子小居鲁士与其兄争夺王位的战争。小居鲁士失败以后，他就投靠斯巴达而与自己的祖国为敌。因此，雅典公民大会予以缺席审判，判处他终身放逐。他从斯巴达那里获得奥林匹亚附近的一份领地，在那里住了二十年，后来迁居哥林斯。雅典和斯巴达关系好转以后，他被雅典赦免，但他没有回国，死于哥林斯。

色诺芬的著述很多，内容涉及历史、哲学、政治、经济各方面，其中主要的有《希腊史》、《居鲁士的教育》、《居鲁士远征记》、《苏格拉底言行录》、《斯巴达政体论》和这里所译的《经济论》、《雅典的收入》等书。

《经济论》是用记录苏格拉底和别人对话的体裁写出的，有人据此把它算作《苏格拉底言行录》一书的续篇。色诺芬是最早使用"经济"一词的人，他所谓的经济是指家庭经济而言。《经济论》就是研究奴隶主家庭经济问题的著作。色诺芬在结束从军生活以后,便在自己的领地上经营奴隶占有制的田庄。管理田庄的经验,加上他从苏格拉底那里听到的一些经济思想,便是他编写这部书的基础。《雅典的收入》是他晚期的作品,在这部著作中,他论述了雅典不依靠加重盟邦负担而自谋增加收入的方法。

色诺芬在《经济论》中力图证明人的幸福仅仅依赖于农业,农业是最愉快和最有益健康的经济部门;认为自由民不应该从事其他"粗俗的技艺"。这种看法在当时是很普遍的,马克思说过,"古代人一致认为农业是适合于自由民的唯一的事业,是训练士兵的学校,"所以"农业享有极大的荣誉"。[1]《经济论》中有一大段文字描述了农业的各种好处,色诺芬还由此作出结论说,"农业是其他技艺的母亲和保姆,因为农业繁荣的时候,其他一切技艺也都兴旺;但是在土地不得不荒废下来的时候,无论是从事水上工作或非水上工作的人的其他技艺也都将处于垂危的境地了。"法国重农学派的主要代表魁奈非常重视色诺芬关于农业的观点,曾引用上面这段话作为他的主要著作《经济表》的题词。

色诺芬维护自然经济,他把农业看得高于其他经济部门,目的即在于反对雅典民主政治所采取的发展商业和扶植货币经济的方针。色诺芬关于商品经济的观点往往是自相矛盾的,他一方面贬低商品经济的意义,另一方面又承认商业和商人存在的必要性。这种矛盾思想反映了在当时的奴隶占有制下,商品生产和交换已

① 马克思:《资本主义以前生产各形态》,人民出版社 1956 年版,第 12 页。

经获得初步发展，反映了奴隶主的田庄同市场不能不发生一定的联系。在《雅典的收入》中，他希望"有更多的人和我们贸易"，主张把"带来大批值钱商品因而有利于国家的商人和船主尊为上宾"。在对于货币作用的解释上，他的观点的矛盾表现得更为明显。他一方面反对货币经济，另一方面又把货币的作用评价很高。他强调开采银矿的好处，认为当人们拥有足够的其他可供使用的东西以后，人们便不再想添置这类东西；但是，"谁也不会有多到不希望再多的白银；如果他们拥有的白银太多，他们就把它储藏起来，他们喜欢储藏白银不亚于他们喜欢使用白银"。马克思在分析他这一段话时指出，"……色诺芬在当作货币和贮藏货币的特殊形式规定上论述货币"①，认为他的这种见解是"市民阶级本能"的表现。

色诺芬在确定财富的意义时，认为"财富是一个人能够从中得到利益的东西"。他说一个人如果能从朋友（或仇敌）身上得到好处，这种朋友（或仇敌）对他来说也是财富；反之，即使是钱，如果一个人不懂得怎样使用，钱对于他也不能算是财富。这种见解，也表现了他那市民阶级所固有的发财致富的意图。

《经济论》中也提到了劳动分工问题。他说，"很难找到精通一切技艺的工人，而且也不可能变成一个精通一切技艺的专家。"这种见解在《居鲁士的教育》一书中说得更加明白：在小市镇上，一个工人要制造床、门、犁和桌子，甚至要造房子，即使这样，也还不易谋生。一个人做这样多的工作，要想做好，当然是不可能的。但在

① 马克思：《政治经济学批判》，人民出版社 1955 年版，第 101 页。

大城市中，一个人只要从事一种手工业，就可以维持生活了。有时甚至还不用做一种手工业的全部。只做一种最简单工作的人，当然会把工作做得很好。马克思在引证这一段话以后指出："色诺芬在此只注意使用价值的品质，虽然他已经知道分工的程度是依存于市场范围。"①

在奴隶主阶级占统治地位的社会里，维护奴隶制度是奴隶主思想家们的共同特征。色诺芬也认为巩固对奴隶的剥削是自然的和必要的。《经济论》中专门有一章说明应该怎样对待奴隶。他说，适用于训练野兽的办法，也同样是训练奴隶使之驯顺的有效的方法。在《雅典的收入》中，他还建议由国家购买奴隶，并把他们出租以增加国家的收入。

每一种社会制度都有与自己相适应的经济观点，色诺芬的经济观点就是奴隶主经济制度的思想反映。我们知道：思想既是决定于经济制度，同时，它自身也具有相对独立性，因此，在从古至今的经济思想发展过程中，其间是有着继承性的。古希腊的文化对于欧洲文化曾经发生很大的影响，在经济思想方面，"由于希腊人有时也涉猎于这一领域，所以他们在这范围内也和他们在其他的领域上一样，表现出同样的天才力与特出性。所以他们的见解，在历史上成为近代科学的理论的出发点"②。因此，研究色诺芬的经济观点，对于我们研究经济思想史具有一定的意义。

抱着这一目的，我们翻译了色诺芬的这两部著作。《经济论》

① 马克思：《资本论》，第1卷，人民出版社1957年版，第443页脚注。

② 恩格斯：《反杜林论》，人民出版社1956年版，第237页。

是我根据马强特的英译本译出的,《雅典的收入》是陆大年同志根据沃森的英译本译出的。我们的水平有限,错误之处在所难免,希读者指正。

张伯健

1961 年 2 月

目　录

经 济 论

关于财产管理的讨论

一

我曾听见苏格拉底讨论财产管理问题如下：

“请问你，克利托布勒斯，财产管理也像医药、金工、木工一样，是一门学问的名称吗？”

“我想是的，”克利托布勒斯回答说。

“我们能够说出这类技艺的每一种的功用是什么，我们也能完全像这一样，说出财产管理的功用是什么吗？”

“我认为一个好的财产管理人的工作就是管理好他自己的财产。”

“是的，如果让他管理别人的财产，他不是也能——只要他愿意——像管理他自己的财产一样，把它管理得很好吗？任何会做木工的人，都能像给自己做工一样地给别人做工作，所以我认为一个好的财产管理人也能如此。”

“我也这样想，苏格拉底。”

“那么，一个懂得这门技艺的人，即使自己没有财产，也能靠给别人管理财产来挣钱，正像他靠给别人盖房子挣钱一样吗？”

“当然可以；而且在他接管一份财产以后，如果能够继续支付一切开支，并获有盈余使财产不断增加，他就会得到很优厚的薪给。”

“但是我们现在所说的财产究竟指的是什么？它是否等于田地房屋？还是人们在田地房屋以外所具有的一切东西也都属于财产之内呢？”

“我认为即使所有物处在不同的城市里，一个人所具有的一切东西都是他的财产的一部分。”

“有些人不是有仇敌吗？”

“当然；有些人确实有很多仇敌。”

“我们要不要把他们的仇敌也包括在他们的财产之内？”

“如果一个人真是因为增加了别人的仇敌的数目而挣到薪水，那就未免可笑了！”

“你要知道，这是因为我们认为一个人的财产就等于他所具有的一切东西。”

“当然——那指的是他所具有的好东西。我当然不会把他可能具有的任何坏东西叫作财产。”

“你好像用财产这一名词来代表那些对于它的所有者有利的东西。”

“不错；而且我认为有害的东西是损失，不是财富。”

“是的，因此，如果一个人买了一匹马，不懂得怎样驾驭它，在骑它的时候总是摔下来弄伤自己，那么，这匹马对于他就不是财富，是吗？”

“不是财富，如果我们认为财富是好东西的话。”

“那么，由此推论，对于一个耕种土地而其结果受了损失的人来说，土地也不是财富了。”

“当然，如果土地只能使我们挨饿，不能维持生活，就连土地也不是财富。”

“对于羊，不也是可以这样说吗？如果一个人由于不会养羊而受到损失，他的羊也就不是他的财富吗？”

“我认为不是财富。”

“那么，你的看法好像是：凡是有利的东西都是财富，而有害的东西就不是财富。”

“对极啦。”

“那就是说，同一种东西是不是财富，要看人会不会使用它。例如，一支笛子对于会吹它的人是财富，而对于不会吹它的人，则无异于毫无用处的石头。”

“是这样——除非他卖掉它。”

“我们现在知道：对于不会使用笛子的人们来说，一支笛子只有在他们卖掉它时是财富，而在保存着不卖时就不是财富。”

“是的，苏格拉底，我们的论证是前后一致的，因为我们说过凡是有利的东西都是财富。一支笛子如果不拿出来卖，就不是财富，因为它是没用的；如果拿出来卖，它就变成了财富。”

“是的，”苏格拉底解释说，“可是他得知道怎样卖它；而且，根据你的说法，如果他把它卖出，换进一些他不去使用的东西，就连这种出卖也不能把它变为财富。”

“苏格拉底，你的意思是说，即使是钱，对于不会使用它的人也不是财富。”

“我认为你在这一点上和我的意见是一致的，即财富是一个人能够从中得到利益的东西。无论如何，如果一个人用他的钱去买一个老婆，而这个老婆使他的身体、精神和财产都受了损失，那么，他的钱怎能对他有好处呢？”

“绝没有好处，除非我们准备承认那种吃了就使人发疯的叫作龙葵的毒草是财富。”

“所以，克利托布勒斯，如果一个人不懂得怎样用钱，对于钱就要敬而远之，也不能把它列入财富之内了。可是朋友怎么样？如果一个人懂得怎样利用朋友，能从他们身上得到好处，这些朋友叫作什么呢？”

“当然是财富，而且如果他们真比牲畜更为有利时，他们就比牲畜更算得是财富了。”

“是的，从你所说的话推论下去，如果有人能从仇敌身上得到好处，仇敌也是他们的财富了。”

“对啦，我正是这个意思。”

“因此，一个好的财产管理人，也要懂得怎样对付仇敌，好从他们那里得到好处。”

“完全正确。”

“克利托布勒斯，事实上你不能不看到：许多平民已经靠战争增加了他们的财产；许多王公也是如此。”

“是的，一向都还不错，苏格拉底。但是有时我们也碰到一些具有知识和资力的人，如果他们工作，他们可以凭这种知识和资力增加他们的财产。可是我们发现他们不愿意这样做，所以我们觉得他们的知识对他们并没有好处。我们怎样理解这个问题呢？在这种情况下，他们的知识和财产真都不是财富吗？”

“你是打算讨论讨论奴隶的问题吗，克利托布勒斯？”

“哦，不，完全没有这种意思。我是说那一些人，其中有些人总可以算作世家子弟的。我看到有些人颇能随机应变，允文允武，但他们不愿意发挥他们的才能。我认为，其原因就在于他们上面没有主人。”

“什么，他们上面没有主人？尽管他们祈求繁荣，尽管他们想做一些能带来好处的事情，可是他们的意图仍然受到那些支配着他们的力量的阻挠，这时，他们上面也没有主人吗？”

“请问你，这些看不见的支配者是谁呢？”

“不，不是看不见的，而确实是公开的、毫无隐蔽的！他们也是非常坏的支配者；只要你认为懒惰、精神上的怯懦和疏忽是罪恶，你一定明白这点。而且还有一伙伪装为娱乐的骗人的女主人——如赌博和滥交朋友。即使为她们所害的人到后来也会知道：她们归根到底实在是掩蔽在一层薄薄的快乐外衣下面的痛苦，她们利用她们对他们的影响，阻挠他们去做有益的工作。”

“但是，苏格拉底，另有一些人，他们的精力并不受这些影响的妨害，他们确实非常愿意工作并挣取一些收入，可是他们耗光了他们的财产，而且陷于困难之中。”

“是的，他们也是奴隶，而且他们的主人是非常冷酷的：有些人是饕餮的奴隶，有些人是好色的奴隶，有些人是贪杯的奴隶，也有些人是无聊而代价很高的野心的奴隶。这些情欲冷酷地支配着每一个落入它们掌握之中的人，只要它们知道他还强壮，能够工作，它们就迫使他拿出辛苦得来的所有的收入，使他按照它们自己的意图花掉它;但是,刚一看到他老弱而不能工作的时候,它们就立刻离开他,使他度那凄凉的晚景,而另去设法把这付枷锁再套到别人的肩头上。啊,克利托布勒斯,我们一定要争取自由,坚决地反对这些暴君,就好像它们是想要奴役我们的武装的敌人一样。的确,公开的敌人还可能是高尚的人;当他们奴役我们的时候,由于锻炼了我们,可以去掉我们的毛病,使我们将来过更好的生活。可是这类女主人,在它们支配着人们的时候,却无时无刻不在损害着人们的身体、精神和财产。"

二

现在这段话是对克利托布勒斯说的,克利托布勒斯接着说:

"好啦,关于这类情欲,我觉得你给我讲的已经很够了;当我检查自己的时候,我觉得我还能很好地控制这些情欲;所以如果你愿意指教我怎样去增加我的财产,我认为那些女主人——你是这样称呼它们的——并不能阻挠我。因此,请你千万尽可能给我一些好的指示,要不然,你真是断定我们已经足够富足了吗?苏格拉底,你真觉得我们不需要更多的钱了吗?"

"哦,如果你要把我说在一起,我确实认为我不需要更多的钱,而且足够富足了。可是我觉得你好像还很穷,克利托布勒斯,我老实告诉你,我常常很替你难过。"

"请问你,"克利托布勒斯笑着问道,"你觉得你的财产能卖多少钱,我的财产能卖多少钱?"

"如果我找到一个好买主,我想我的全部财货和牲畜,包括房子在内，可能不难卖上五个麦纳。[1] 你的呢，我相信一定可以卖到这个数目的一百倍以上。”

“你当真不顾这种估计，认为你不需要钱，而可怜我穷吗？”

“是的，因为我的财产足够满足我的需要，可是我觉得你的财产即使三倍于现在，也不够维持你现在的生活方式和身价。”

“那怎么会呢？”克利托布勒斯大声说。

“因为，第一，”苏格拉底解释说，“我知道你必须贡献许多份很丰盛的祭品，要不然，我想神和人都会和你找麻烦。第二，你必须很大方地招待很多外来的客人。第三，你必须经常宴请市民并对他们有所资助，否则你就要失掉你的追随者。而且，我知道国家已经在强制你付出几笔很大的捐款：你必须养马，支付合唱队和体育竞赛的开支，接受会长的职位；[2]万一发生战争，我知道他们会让你维持一条船的开支，并且让你缴纳几乎可以使你破产的税款。只要你一露出不能满足他们对你的希望的样子，那些雅典人一定会惩罚你，就好像他们发觉了你在抢劫他们似的。除此以外，我知道你自认为是一个阔人；你不在乎钱，而且还向那些轻佻的女人们求爱，好像这种开支对你来说是无所谓的。所以我可怜你，怕你会遭到不幸，陷入贫穷的境地。毫无疑问，你和我一样地清楚：在我缺钱的时候，帮助我的人是不会少的，他们只需拿出极少的钱就能使我非常快乐了。可是你的朋友，虽然他们有比你多得多的收入来维持他们的家庭，却仍然希望得到你的帮助。”

① 稍多于二十镑。

② 在这里，原文 *προστατεἰας* 一字似乎不能用来代替 *προστασίας*（管理外侨），因为不能证明这一职务需要担任者花钱。

"这我不能否认，苏格拉底，"克利托布勒斯说，"但是现在你应该照管我，使我不致变成真正可怜的人才好。"

这时苏格拉底大声说，"什么，克利托布勒斯，刚才我说我富足的时候，你嘲笑我，好像我连财富的意义都不懂，并且非要证明我的错误并使我承认我的财产不到你的百分之一不可；可是现在你又要我照管你，使你不要变成一个真正的穷人。这你不觉得奇怪吗？"

"苏格拉底，我知道你懂得一种创造财富——怎样获取盈余——的方法。这样，一个人收入虽少，只要省吃俭用，我认为他在收入多的情况下就能够很容易地得到大的盈余。"

"刚才我们谈话时——那时你简直不让我说话——你曾经说过，如果一个人不会驾驭马，他的马对他就不是财富，如果他不会管理土地、羊群、钱或其他东西，这些东西对他也不是财富，难道你不记得说过这样的话了吗？现在说这些东西是收入的来源；可是既然我还从来没有过这些东西的任何一种，你怎么认为我或许懂得管理这些东西的方法呢？"

"可是我们认为：即使一个人偶或没有财富，也总有一种类似家政管理学的东西。那么，有什么理由说你不懂得这门学问呢？"

"当然有理由，这和一个人自己从来没有笛子，也从来没有向别人借笛子学习，就不会吹笛子是一样的。关于财产管理，我正是这种情形；因为我自己从来没有财产，我没有机会用自己的东西学习，在你没有提出这种要求以前，也从来没有人让我经管他的财产。我以为，初学竖琴的人很容易弄坏他在学习时所使用的竖琴；如果我要用你的财产来实习财产管理，恐怕我会给你把它们完全搞糟了。"

"哎，苏格拉底！"克利托布勒斯回答说，"我知道你竭力想避免给我任何帮助，来减轻我身上的讨厌的事务的负担。”

“决不是，决不是，”苏格拉底说，“我非常愿意把我所知道的完全告诉你。假定你到我这儿来求火，我因为没有火，把你带到能够找到火的地方去，我想你是不会对我不满意的；或者，如果你向我要水，我没有水，把你带到别处去找水，我相信你也不会因此而对我不满意；或者，假定你要跟我学音乐，我指点你去找那些远远比我更擅长音乐的人，他们也很感谢你去找他们学音乐，我这样做你能对我有什么不满呢？”

“没有，如果我为人正派的话，苏格拉底。”

“那么，克利托布勒斯，我要指点你去找别人，他们对于你现在想向我学习的事情，比我高明得多。我认为我一定能在雅典找到各门学问现有的最优秀的能手。因为我从前看到同一事业在这一情形下带来了很大的贫困，而在另一情形下带来了很大的财富的时候，我觉得非常奇怪，认为很值得研究研究这究竟是怎么一回事。在研究以后，我发现这种事情是十分自然的。因为我看到那些马马虎虎地从事这种事业的人都遭受了损失，而正正经经专心致力于这种事业的人，都能更快更容易地完成这种事业，而且得到更多的利润。我想如果你选择这些人向他们学习，你也一定会变成一个能干的事业家。”

三

“苏格拉底，”克利托布勒斯听到这些话时大声说，“我现在不打算让你走，除非你能使我满意地说明了你在我们这些朋友面前答应给我说明的事情。”

“那么，克利托布勒斯，”苏格拉底说，“我是否可以首先作这样一种使你满意的说明：为什么有些人用很多钱去盖没有用处的房子，而另一些人用比这少得多的钱盖起在各方面都很好的房子？你认为我这是在向你说明财产管理方面的一种办法吗？”

“当然是的。”

“其次，我是否可以再向你说明和这类似的事情——有些人有好多很值钱的东西，可是在需要时却不能用它们，甚至连它们是否完整都不知道，所以他们自己总是很苦恼，并且使他们的仆人很苦恼；而另一些人虽然所占有的东西并不比他们多，甚至还要少些，可是使用时却很方便？”

“那么，这是什么原因呢，苏格拉底？不就是因为前者到处乱放他们的东西，而后者把一切东西都井井有条地放在一定的地方吗？”

“当然是的，把东西仔细地放在适当的地方，而不是到处乱放。”

“我以为，你的意见是说这也是财产管理的一部分。”

“那么，除此以外，我是否可以再向你说明：为什么在有些家庭里，几乎所有的仆人都戴着脚镣，可是他们总是想逃跑；而在另一些家庭里，他们根本不受什么束缚，却都高高兴兴地工作，并且情愿呆在他们的岗位上？你认为我这也是在向你指明财产管理的一种显著效果吗？”

“当然是的，确是如此。”

“还有，当人们耕种同样土地的时候，有些人弄得挺穷，说是种地害了他们,而另一些人却种得挺好,结果衣食丰足。这是不是财产管理的一部分?”

“当然是的;因为也许有些人没有把钱花在必要的用途上,而只是花在对于地主和财产有害的事情上面了。”

“或许有这种人。但是我所指的,还是那些虽然以农为业,可是没有钱去支付即使是必要的开支的人。”

“那是什么原因呢,苏格拉底?”

“我还要带你去看看这些人;我想,当你仔细观察他们以后,你就会明白了。”

“当然,如果我能去的话。”

“那你一定去看看,实地试试你是否有理解能力。现在我知道,当有喜剧可看的时候,你就起得很早,走很远的路,迫不及待地逼我和你一起去看戏。可是你从来没有请过我去看这类实际生活的戏剧。”

“你是不是觉得我很可笑,苏格拉底?”

“我相信,你自己觉得更可笑。我是否可以向你说明:为什么有些人养马弄得挺穷困,而另一些人养马养得挺好,而且夸耀他们能赚钱?”

“嗯,我也看到并且明白这两种情况,虽然如此,我却不是一个能赚钱的人。”

“我觉得,这是因为你看他们的时候,正像你看悲剧或喜剧的角色一样,不是要当一个剧作家,而是要寻求视听的快乐。这也许没有什么害处,因为你并不想写剧本。但是既然你必须和马打交道,那么按情理讲,你就得想法使自己成为内行,尤其是在同样的马匹既适宜于使用、又能卖好价钱的时候，更是如此。你说对不对？”

“你是要让我训练小马，苏格拉底？”

“当然不是，不过我倒希望你买一些小孩子，训练他们作农工；但是我觉得马和人是相同的，一到一定的年龄就变得有用，而且越来越好。我还能向你说明：丈夫对待妻子的方法也是有很大不同的，有些人得到了妻子的合作，因而增加了财产，另一些人却由于他们对待妻子的行为完全破坏了他们的家庭。”

“这应该责备丈夫，还是应该责备妻子呢，苏格拉底？”

“羊要是病了，”苏格拉底说，“我们总是责备牧羊人，马要是不好，我们总是责备驯马师。对于妻子来说，如果她得到丈夫的正确教导而行为不好时，多半她应该受到责备；可是如果丈夫没有教导他的妻子怎样正确地做事，因而觉得她愚昧无知，丈夫自己不应该受到责备吗？克利托布勒斯，无论如何，你要告诉我们实话，因为在这里我们大家都是朋友。还有什么人，你托付给他的重要事情比你托付给你妻子的更多吗？”

“没有。”

“还有什么人，你对他讲的话比你对你妻子讲的更少吗？”

“几乎没有，我承认。”

“而且你娶她的时候，她还只是一个几乎什么都不懂的小孩子，是吗？”

“的确是这样。”

“那么，她做错事情，是无足为奇的，如果她懂得应该说什么和做什么，那倒非常奇怪了。”

"可是,苏格拉底,像你所说的那些有好妻子的丈夫,是怎么搞的?他们都是自己训练妻子的吗?"

"最要紧的是研究。我要把阿斯帕西亚介绍给你,她比我知道得多,会给你解释全部问题。我认为妻子如果在家庭中是一个好配偶,她对于家庭幸福的贡献和她丈夫是完全一样的;因为收入大部分是丈夫勤劳的结果,而支出则大半是由妻子管理的。如果两个人各尽自己的本分,财产就增加了;如果他们做得不好,财产就要减少。要是你想学别种学问,我想我可以给你介绍一些人,他们对于这些学问的任何一种都是很高明的。"

四

"的确,苏格拉底,我们不必样样都搞。因为很难找到精通一切技艺的工人,而且也不可能变成一个精通一切技艺的专家。请选择几门看来最高尚、最适宜于我学习的学问:告诉我这几门学问和那些做这类事情的人;并且就你所知尽力帮助我学习这些学问。"

"很好,克利托布勒斯;在我们国家里,确实有些所谓粗俗的技艺是为人反对的,因而当然也就十分为人瞧不起了。因为这些技艺迫使工人和监工们静坐在屋子里,有时还整天呆在炉火旁边,伤害他们的身体。弄坏身体就会严重地弄坏精神。而且,这些所谓的粗俗的技艺使人没有余暇去注意朋友和城市的事情,所以从事这类技艺的人被认为不善于与朋友们交往,[①]也不能保卫他们的

① 也许是:"使朋友们难于和他们交往",不过这种可能性不大。

国家。事实上，在某些国家里，特别是在以向武著称的国家里，甚至不准任何公民从事粗俗的技艺。”

“但是，请问你，你要劝我们从事哪些技艺呢，苏格拉底？”

“我们不必为了仿效波斯国王而感到羞耻吧？因为据说他特别注意农业和战术，认为这是两种最高尚最必需的事业。”

克利托布勒斯听到这句话，大声说：“苏格拉底，你真认为波斯国王把农业也包括在他的工作以内吗？”

“克利托布勒斯，以下的考虑或许可以使我们看出他是不是把农业包括在他的工作以内。我们承认他特别注意战争，因为他给所有向他纳贡的国家领袖下命令，要他们提供维持一定数目骑兵、弓箭手、投石手和轻步兵的经费，好使这些队伍强大得可以控制他的臣民，并在受到侵犯时能够保卫他的国家；除此以外，他在各城堡里还有守备队。这些军队的经费都是由负有这种责任的地方长官供给的。国王每年检阅雇佣兵和奉命处于备战状态的其他一切军队；除了城堡里的军人以外，把他们都集合到所谓的检阅地点。国王亲自检阅在他住所附近的军队，并派遣可靠的代表去检阅远处的军队。如出场的队伍人数足额，配备着良好的马匹和武器列队受检，则其军官无论是守备队或团队的指挥官或是总督，他都使他们晋级并给予巨额的金钱赏赐。但是对于那些他认为玩忽职守或从中贪污的军官，他都给以严厉的惩罚，并派别人代替他们的职务。所以，从这些行动看来，毫无疑问，他是注意战争的。

“至于地方事务，他亲自就他巡行全国时所见到的来进行考查；关于他所没有亲身视察到的地方，他听取他的可靠代表的报告。地方长官，只要能向他证明他们那里的人烟稠密，土地耕种得好，并且当地的树木和谷物丰足，他就拨给他们更多的领地，给他们赏赐和爵位。[①] 如果他看到有的地方无论是由于管理不当，或是由于轻视职守，或是由于粗心大意而使土地荒芜，人烟稀少，他就惩罚当地长官，并派别人代替他们的职务。从这种行为来看，能说他对于让居民耕种土地所作的打算，少于他对于让军队保卫国家所作的打算吗？而且，这两种职务各交由不同的官吏分别担任；一种官吏负责管理居民和劳动者，并向他们征收贡物，另一种官吏统率军人和守备队。如果守备队的指挥官没有保卫国家的能力，文职长官和农业管理人就谴责指挥官，说居民由于缺乏保护不能耕种土地。另一方面，如果指挥官能保持农地的安宁，而文职长官使土地荒废而人口稀疏，指挥官就要谴责文职长官。因为大体说来，如果土地耕种得不好，就不能维持军队的开支，也不能缴纳贡物。在派有总督的地方，总督要同时照管这两种事务。"

听到这里，克利托布勒斯说，"好啦，苏格拉底，如果国王这样做，我觉得他是既注意农业又注意战争的。"

"还有，"苏格拉底继续说，"在他所居住和巡视的一切地方，他都设法使那里有充满土地所能生产的美好东西的'乐园'（他们这样称呼它）。除了不能这样做的季节以外，他自己把大部分时间都消磨在这种乐园里。"

"苏格拉底，既然这样，那么把国王在里面消磨时间的这些乐园管理得很好，使它们包含很多树木和土地所生产的所有其他美

① 参阅《居鲁士的教育》，VIII，i，39。

好的东西,那当然是必要的了。”

“而且有人说,克利托布勒斯,国王颁发奖赏的时候,他首先约请那些在战场上显身扬名的人,因为如果没有人保卫土地,耕种多少亩土地都是没用的;其次就是最善于置办农具牲畜和耕种土地的人,说是如果没有劳动者的帮助,即使是勇敢的军人也无法生活。有一个故事,说居鲁士[①]——近世最著名的王子——有一次对被请来接受奖品的人们说:‘我自己应该得到两方面的奖品,因为我既是一个最会为土地置办农具与牲畜的人,也是最会保卫这些农具与牲畜的人。’”

“哦,苏格拉底,如果居鲁士说这话,他是把置办农具牲畜和耕种土地,看作是与当军人同样值得自豪了。”

“是的,而且如果居鲁士还活着,他似乎一定会成为一个杰出的统治者。关于这点,他所提供的许多证明之一就是:在他去和他兄长争夺王位的路途中,据说没有一个人从他那里跑到国王那里去,而却有成千上万的人从国工那里跑到他这边来。我认为如果人们在危急存亡之秋还甘心情愿地服从一个领袖,[②]并且决意为他效忠,这就很足以说明这个领袖的卓越了。现在居鲁士的朋友们都在他的身旁战斗,环绕着他的尸体战斗,全部战死在他的身旁;只有阿里埃厄斯一人是例外,而阿里埃厄斯在这次战争中的地位实际上是在左翼上的。[③]

① 小居鲁士(纪元前 424? —前 401 年),波斯国王大流士二世之子,与其兄争夺王位,战死。——译者

② 《苏格拉底言行录》,Ⅲ,iii,9。

③ 《居鲁士远征记》,Ⅰ,ix,31。阿里埃厄斯看到居鲁士战死的时候,他逃跑了。

“此外还听说，当赖山德尔[①]携带着盟国的礼物来看他的时候，这位居鲁士给予赖山德尔以各种殷勤的款待；赖山德尔在墨加拉有一次亲自对一个客人说，除了这些款待以外，居鲁士还亲自引导他参观了撒狄斯的乐园。这时赖山德尔非常赞美乐园中树木的美丽，匀称的间隔，笔直的行列，整齐的角度，在他们走路时紧紧萦绕着他们的浓郁的芳香。这些东西使他感到惊奇了，他喊道：‘居鲁士，我真喜欢所有这些可爱的东西，但是尤其使我感动的是你的办事人的本领，把一切东西都测量和布置得这样精确。’居鲁士听到这句话很高兴，说道：‘赖山德尔，整个测量和布置工作都是我做的，而且我自己还做了一些种植工作。’赖山德尔仔细打量他，注视他的华丽的带有香气的长袍，注视他所戴的亮晶晶的项圈、手镯和其他珠宝，大声说：‘什么，居鲁士？你真亲自动手种植了这些树木的一部分？’‘你觉得奇怪吗，赖山德尔？’居鲁士用问话来回答。‘我对太阳神发誓，在正常的健康状态下，如果不首先认真地做一些战争或农业方面的工作，或是不想办法出出力气，我从来没有坐下来吃过饭。’

“我还要补充一句：赖山德尔自己说，他听了这句话以后，便用以下的话来祝贺居鲁士，‘我觉得你应该享受你的幸福，居鲁士，因为这种幸福是你自己的力量挣来的。’”

五

苏格拉底继续说，“我告诉你这些话，是因为最富足的人也不

① 赖山德尔，斯巴达的政治家和军事领袖。——译者

能离开农业。因为从事农业在某种意义上是一种享乐,也是一个自由民所能做的增加财产和锻炼身体的手段。因为第一,土地给种地的人生产人们赖以生活的食粮,此外她也生产人们所享用的奢侈品。第二,她供给人们装饰祭坛、雕像和他们自己的一切东西,并且提供最优美的景色和香味。第三,她生产或供给许多美味食品的原料;因为饲养牲畜的技艺是与农业密切相联的,所以人们就有了祭神所用的牺牲和自己使用的牲畜。虽然她所供给的美好的东西十分丰富,她却不让人们不劳动就得到它们,而是使人们习惯于忍受冬季的严寒和夏季的炎热。她通过训练给那些用自己双手劳动的人增加力气;她锻炼那些监工们,其方法是让他们早起,迫使他们行动敏捷。因为在农场上和在城市里一样,一些最主要的活动是都有其固定时间的。而且,如果一个人愿意当骑兵,耕种乃是为他的马匹供应饲料的最有用的伙伴;如果他愿意当步兵,耕种也能使他身体灵活。土地在某种程度上还可以促使人喜好狩猎活动,因为她为豢养猎狗提供便利,同时又给那些在地面上觅食的野禽野兽供应食品。如果说农业对于马和猎狗有好处,那么,马和猎狗也同样对于农场有好处,因为马可以早早地把监工们驮到他们的工作地点,并且使他们能够晚些离开那里,猎狗可以保护庄稼和羊群不受野兽的伤害,并且有助于维持荒僻地方的安全。土地还能鼓励农民武装保卫国家,因为庄稼都生长在露天里,易于受到强者的劫夺。什么技艺能比农业训练出更好的跑手、投掷手和跳高手呢?什么技艺能给劳动者以更大的报酬呢?什么技艺能更高兴地欢迎它的追随者,请他们来并让他们随意取走他们所需要的东西呢?什么技艺能更大方地款待客人呢?熊熊的火炉,温暖的浴室，舒舒服服地过冬，还有什么地方比农场里更为方便呢？享受那清凉的泉水、微风和树荫以消磨炎夏，还有什么地方比乡间更为可爱呢？还有什么技艺能产生更适当的祭神用的新果，或使人有机会举行人数更多的节日集会呢？什么技艺能更使仆人感到亲切，妻子感到愉快，儿童感到喜欢，朋友感到快意呢？据我看来，如果任何自由民能够得到比这更可爱的东西，或者发现比这更可爱、更有利于谋生的职业，那倒的确是奇怪的事情。

“而且，土地诚心诚意地[①]教育那些能够学习的人，使他们公平正直；因为你服侍得她越好，她报偿你的好东西就越多。那些从事农业并接受适合于男子汉的严格教育的人，无论在什么时候，即使偶或被大军所迫，离开他们的土地，由于他们都是心身俱健的人，他们也能进入那些危害他们的人的国家里，取得足够的维持生活的资料。在战争时期，武装起来去寻找食粮，往往是比用农具采集食粮更为可靠的。”

“还有，农业有助于训练人们共同努力。因为要去远征敌人必须有人，而耕种土地也需要人的助力。所以，如果农场主不能使他的劳工勤奋和忠顺，他就不能成为一个好的农场主；带领士兵去攻打敌人的将领也必须设法奖励那些不愧为勇士的人，惩罚那些不忠顺的人，借以得到同样的效果。农场主必须常常鼓励他的劳工，正如一个将军必须鼓励他的士兵一样。奴隶需要有好希望的鼓励才能意志坚定，其需要的迫切相同于甚至超过自由民。人们说得好，农业是其他技艺的母亲和保姆，因为农业繁荣的时候，其他一切

① “诚心诚意地”(θέλοισα)或应作“是一个女神，并且”(θεὸs οἶσα)。

技艺也都兴旺;但是在土地不得不荒废下来的时候,无论是从事水上工作或非水上工作的人的其他技艺也都将处于垂危的境地了。"

"好啦,苏格拉底,"克利托布勒斯回答说,"我想你所说的都是对的。但是在农业中,人们不能依靠预测。因为冰雹、霜冻、旱、涝、虫害有时会破坏安排得很好和执行得很好的计划;而突发的疾病有时也会严重地伤害喂养得很好的牲畜。"

"哦,"苏格拉底回答说,[①]"克利托布勒斯,我想你懂得,农业活动和战争活动一样,都是为神所掌握的。我认为你知道,从事战争的人在采取行动以前,都先努力取悦于神,要靠祭品和预兆以寻求趋吉避凶之道。对于农业事务来说,你以为不需要祈求神的保佑吗?必须知道正直的人都为他们的果木、庄稼、耕牛、马匹、羊群而祈祷,而且也为他们所拥有的一切东西而祈祷。"

六

"好啦,苏格拉底,你叮嘱我要依靠神的帮助来从事一切事业,我认为这是对的,因为神既管战争的事情,也管和平的事情。所以我们要努力这样做。但是现在,还是请你接着谈财政管理问题吧。你的话头刚才岔开了。请你一步一步详细地说说这个问题,因为听了你所说的话以后,即使在现在,我也觉得比以前更清楚地知道我必得怎样来谋生活了。"

"那么,我认为,"苏格拉底接着说,"我们应该首先再扼要地谈

① 《苏格拉底言行录》,Ⅰ,iv,15;Ⅳ,iii,2。《居鲁士的教育》,I,vi,46。

谈我们在讨论中已经取得一致意见的各点，以便我们在讨论其余问题时，也可以尽量取得完全一致的意见。”

“啊，是的；对于在金钱问题上有共同利害关系的人们来说，如果在检查账目时没有不同的意见，那是很高兴的事情；我们作为一项讨论的双方，如果在各项问题上都有一致的意见，那也同样是高兴的事情。”

“那么不妨再说一说，我们认为财产管理是一门学问的名称；这种学问好像是人们能够用以增加财产的；财产似乎就等于一个人的全部所有物；我们还说财产是对于维持生活有用的东西，也弄清有用的东西乃是所有那些我们懂得怎样使用的东西。现在我们认为我们不可能学会所有的科学；我们同意我们的国家厌弃那些所谓粗俗的技艺，因为它们似乎能伤害身体和精神。我们说，[①]这一点是可以立刻得到最确实的证明的，只要在受到敌人侵犯的时候，让农人和手工业者坐在两处，分别问他们是赞成保卫国家，还是赞成撤离广阔的地带，专门防守城堡。在这种情况下，我们相信那些和土地有关系的人一定赞成保卫土地，而手工业者一定不愿意斗争，而愿意像他们一向所受的训练那样静静地坐着，避开艰苦的斗争和危险。我们得出结论：对于一个高尚的人来说，最好的职业和最好的学问就是人们从中取得生活必需品的农业。因为这种职业似乎最容易学，而且从事这一职业也最为愉快，它能在最大程度上使身体健美，它能给心力留出最多的空闲时间去照管朋友和城市的事情。而且，由于庄稼在城外生长，农场的牲畜也在城外放

① 第四段中并没有这类的话。

牧，我们觉得农业在某种程度上可以使从事这种工作的人勇敢刚毅。所以这种谋生方法似乎应该受到我们国家的最大重视，因为它可以锻炼出最好的公民和最忠实于社会的人。”

“苏格拉底，我觉得我所听到的已足够使我相信靠农业谋生乃是最光荣、最好和最愉快的事情了。但是你告诉过我，你已弄清为什么有些农人很成功，农业使他们丰衣足食，而另一些人则很不中用，认为耕种是没有好处的。我很愿意听听这两种情况的原因，好使我们去做有益的事，而避免有害的事。”

“那么，克利托布勒斯，我打算详细告诉你我从前和一个人会见的事情，这个人我认为真正是一个可以恰当地被称为‘高尚人士’的人。”

“苏格拉底，我很愿意听，因为我迫切希望使我自己能担得起这一称号。”

“那么我要告诉你我是怎样注意到这个人的。因为，去拜访我们的好建筑家、好金匠、好画家、好雕刻家以及别的这类人，并检查他们的被认为是美的作品时，我花的时间并不多；但是我希望能见到一个被称为‘高尚人士’的人，好看看这种人做些什么事才当得起这一称号，因为这一庄严的称号是意味着既‘美’且‘好’的。最初，因为‘美’这一形容词是被放在‘好’字上面的，我就去找每一个我所注意的人，企图发现我是否能在什么地方看到好与美的结合。但是，事实毕竟不是这样：我认为我看到有些长得挺美的人，其内心是极端卑鄙的。因此我决定不管长相好坏，去寻找被公认为‘一个高尚人士’的人。所以，由于我听说无论是男人、女人、本地人或外地人都用这一称号来称呼伊斯霍玛霍斯，我决定去会见他——

如果可能的话。”

七

“碰巧有一天，我看见他坐在宙斯自由神庙的走廊上，显然有空暇，我走过去，坐在他旁边，说：

“‘伊斯霍玛霍斯，为什么呆呆地坐着呢？你是不大有闲呆着的习惯的；因为一般说来，我在市场上看到你的时候，你总是挺忙，或是至少也不完全闲着。’

“‘是的，苏格拉底，要不是我和一些客人在这里有约会，现在你也不会看到我闲着。’

“‘请问你，’我说，‘当你没有这类事情做的时候，你在什么地方消磨你的时间，并且做些什么呢？我非常想知道为什么人们称呼你为高尚的人，因为你并不在家里过日子，而且你的环境也不要求你这样做。’

“伊斯霍玛霍斯听见我问他‘为什么人们称呼你为高尚的人？’，他笑了，显然很高兴，他回答说：‘苏格拉底，有些人和你谈到我时，是不是这样称呼我，我不知道。可以肯定的是，当他们要求我交换财产以逃避公共义务——装备战船或筹办合唱队——的时候，决没有人寻找“高尚的人”，而他们作这种要求时，只简单地管我叫作“伊斯霍玛霍斯”，说我是我父亲的儿子。好啦，苏格拉底，既然你问我这个问题，我确实是不在家里过日子；因为你知道，我的妻子自己很能够照管家里的事情了。’

“‘啊，伊斯霍玛霍斯，’我说，‘这正是我要请教你的事情。是

你自己把你的妻子训练成为这样能干的人呢，还是当你把她从她娘家接来的时候，她就已经懂得管理家务呢？'

"'哎，苏格拉底，在我娶她的时候，她能懂得什么？她嫁给我时还不到十五岁，而且在此以前，她一直受着约束，尽量少看、少听、少说话。如果她来的时候，只懂得怎样把交给她的毛布制成斗篷，只懂得给女仆们分派纺绩工作，那不正是意料之中的事吗？苏格拉底，至于控制食欲，她已经受到极好的训练了；我认为这种训练，无论对于男人或女人，都是极为重要的。'

"'但是，伊斯霍玛霍斯，在别的方面。你没有自己训练你的妻子使她能够执行她的任务吗？'

"'噢，没有，苏格拉底；直到我祭神和祈祷以后，我才教她学习对于我们两人都最有好处的事情。'

"'你的妻子没有和你一起参加这类祭神和祈祷吗？'

"'参加了，她热诚地对天许愿，要规规矩矩地做人；而且很容易看出，她不会忽视我所教给她的事情。'

"'伊斯霍玛霍斯，请你告诉我，你教给她的头一课是什么？我宁愿听你说这些，而不愿意听那最高贵的运动比赛或赛马的事情。'

"'苏格拉底，当我一发现她很温顺，并且已经习惯于家庭生活，可以进行谈话的时候，我就问她以下的话：

"'"亲爱的，告诉我，你知道我为什么娶你，你的父母为什么把你给我吗？你一定很清楚，我们当初和别人结婚并没有什么困难。但是，我为我自己考虑，你的父母为你考虑，在未来的家庭和儿女方面，究竟谁是最好的合作者。我选上了你，而你的父母好像是认为我是他们能够找到的最合适的人。现在，如果神赐予我们儿女，我们就要想出最好的教育他们的办法。因为我们将来共享的幸福之一，就是在老年能够得到最好的帮手和最好的赡养；但是目前我们先来共同享有我们这个家庭。因为我把我所有的东西都放到我们共有的财产里，而你也把你带来的一切都加了进去。我们并不要计算我们谁实际拿出来的更多，但是我们必须知道：谁能证明自己是更好的合作者，谁的贡献就更重要。”

“‘苏格拉底，我的妻子回答如下：“我怎么能帮助你呢？我有什么能力？不行，都得依靠你。我母亲告诉我，我的责任就是要谨慎小心。”

“‘“当然，亲爱的，”我说，“我父亲也这样告诉我。但是，无论对于男人或女人来说，所谓谨慎小心就是要尽可能使他们的财产不受任何损失，而且要尽可能用正大光明的办法来增加他们的财产。”

“‘“可是你怎么知道我能够帮助你增加我们的财产呢？”我的妻子问。

“‘“唔，”我说，“当然你必须尽可能努力做好神让你能做的事，以及法律许可的事。”

“‘“请问你，都是什么事？”她问。

“‘“我认为都是很重要的事情，”我回答说，“的确是这样，除非女王蜂在蜂房里所管的是不重要的事情。亲爱的，我觉得神聪明睿智地把所谓的男性和女性配合在一起，主要就是为了使他们结成完美的合作关系，互相帮助。因为第一，各种生物要传宗接代，他们就得结成婚姻好生儿育女。第二，这种结合为他们养儿防老提供了条件，至少对于人类来说是这样。第三，人类不能像兽类那样生活在露天地里，而显然需要遮风避雨的房屋。然而，人们如果想要取得生活必需品以充实他们的住所，就得有人去从事露天的工作；因为耕耘、播种、栽植、放牧都是这种露天的工作，而这种工作提供人类所必需的食物。而且，这些东西一旦存入住所之后，就得有人保管它，并做一些必须在室内做的事情。哺育婴儿需要有房屋；把谷物制成面包需要有房屋；用毛布缝制衣服也同样需要有房屋。由于无论室内工作或室外工作都需要劳动和注意，所以，我认为，神从一开始就使女人的性情适宜于室内的工作，而使男人的性情适宜于室外的工作。”

“‘“神使男人的身心更能耐寒耐热，能够忍受旅途和远征的跋涉，所以让他们做室外的工作。而女人呢，由于他使她们的身体对于这种事情的忍耐力较差，所以，我认为，他就让她们做室内的工作。而且，神知道他已经给女人创造了养育婴儿的任务，并使她们担负这一任务，所以他分给女人的对于初生婴儿的爱情要比男人更多些。由于他还使女人担负照管粮食衣物的任务，知道对于这种任务来说，胆子小一些是不无好处的，所以他就分给女人比男人更多的畏惧心理；他知道从事室外工作的男人必须保卫自己的工作不受坏人的侵害，他还分给他们更多的勇气。但是因为男人和女人都必须有所授受，他就不偏不倚地给予他们同样的记忆力和注意力；所以在这些方面，你看不出男性或女性有什么区别，谁也不比谁更强些。神还无所轩轾地给予男女以应有的自我克制的能力，并给予那做得较好的一方——无论是男人或女人——以获得更多的由此而来的好处的权力。正因为男人和女人的资质不同，他们就更需要彼此帮助，夫妻的一方对于另一方就更为有用，因为这一个在这方面能干些，那一个在这一方面就差些。”

“““亲爱的，我们既然知道神分派给我们每一个人的责任，我们每一个人就必须努力把我们所担负的责任尽量做好。而且，法律也认可这些责任，因为它把男人和女人结合在一起。神使男人和女人成为他们养育儿女的合作者，所以法律也指定他们为家庭的合作者。此外，法律还宣布男女双方各做神使他们各有所长的工作是光荣的。例如，对于女人来说，呆在家里要比住在田野里更光荣些，但是对于男人来说，呆在家里就不如去照料外面的工作体面了。如果一个男人的行为违反神所赋予他的天性，或许他的反抗行为就会为神所发觉，他将因忽视自己的工作或干预妻子的工作而受到惩罚。我觉得女王蜂所忙的正是神给她指定的这类其他的工作。”[1]

“““请问你，”她说，“女王蜂的工作怎样会和我必须做的工作相像呢？”

“““怎样会？”我回答说，“她呆在蜂房里，不让那些蜜蜂闲着；她打发那些应该在外面工作的蜜蜂出去工作；她了解并收受每一只蜂所采回来的东西，把这些东西贮藏起来以备需用。到了应该使用这些东西的时候，她把它们公平地分配给每一只蜂。她同时还监督蜂房里的建窝工作，让这些蜂窝能够又好又快地建筑起来；她照管雏蜂，使它们能够得到及时的培育。在小蜜蜂按时成长起来并能够工作时，她打发它们出去寻求殖民地，并安排一个领袖来

① 《居鲁士的教育》，Ⅴ，i，24。

率领这些年轻的冒险家。”

“‘“那么,我也必须做这些事情吗?”我的妻子问。

“‘“你当然要做这些事情,”我说,“你的责任就是呆在家里,打发那些应该在外面工作的仆人出去工作,监督那些在家里工作的人;收受我们得到的东西,分配其中必须花费出去的部分,照管其中应该贮存起来的部分;要注意不要在一个月之中花掉留备一年使用的东西。当给你送来毛布的时候,你必须叫人为那些需要斗篷的人缝制斗篷。你还必须照管干的谷物使其不受损失以备制成食物。然而,你所担负的责任之一恐怕是不大合算的:你必须注意让任何得病的仆人得到照顾。”

“‘“噢,不,”我的妻子喊道,“如果那些受到很好照料的人会感激我们,并且比以前更加忠心,那是很值得高兴的事情。”

“‘“是呀,亲爱的,”她的回答使我高兴,我喊道,“蜜蜂们对于它们蜂房里的领袖非常忠心,当她舍弃蜂房的时候,大家都跟着她,没有一个愿意落在后面,这是什么道理呢?不就是因为她作了这样一些细心的工作吗?”

“‘“如果在这些领袖活动上你不比我更为重要,”我的妻子回答说,“那就使我觉得奇怪了。因为我想,如果不是你设法从外面搜集些东西回来,我在家里对于财物的照管和管理工作就未免显得毫无意义了。”

“‘“如果没有人照管我搜集回来的东西,”我反对说,“那我的搜集工作也将是毫无意义的。你可知道,像俗话所说‘用竹篮打水’的人是多么可怜,因为他们似乎在做着徒劳无益的工作?”

“‘“当然,”她说,“如果他们这样做,那他们的情况的确是非常可怜的。”

“‘“但是，亲爱的，我敢向你保证，有些其他专属于你的任务，做起来是很愉快的。使你高兴的事情是：教初来时不会纺绩的女仆学会纺绩，使她对于你有双倍的用处；照管不懂得管家和做事的女孩子，在教育她使她可靠和能够做事之后，发现她很有些用处；你有权力奖励家里的小心谨慎和有用的人，惩罚那变成坏人的人。但是最愉快的经验就是要证明你自己比我强，使我成为你的仆人；绝没有理由担心你老了以后在家庭里受不到重视；放心吧，随着年龄的增加，你越成为我的好伙伴，越成为孩子们的好家庭主妇，你在这个家庭里就越受到尊重。因为世界上美好的东西的数量所以会增加，并不是由于外表漂亮，而要靠日常做好事。”

“‘苏格拉底，这就是我所能想起的、我和她最初谈话的大意。’”

八

“‘伊斯霍玛霍斯，你觉得这些话对于她的勤勉努力有鼓励作用吗？’我问。

“‘当然有作用，’伊斯霍玛霍斯回答说，”我记得有一次她因为没有能从仓库里给我拿出我所要的东西，挺着急，脸都涨红了。因为她挺窘，我说：“亲爱的，不要因为你没能给我拿出我所需要的东西而难过吧。要用一件东西而不能用它，当然就是穷困；但是找不着你所要找的东西，总比由于你知道没有这件东西而根本不去找它要好些。事实上，这不应该责备你，而应该责备我，因为我交给你东西的时候，没有告诉你应该把它们放在什么地方，好使你知道该放在哪儿，上哪儿去找。亲爱的，对人类来说，没有再比井然有序更好更方便的事情了。例如，合唱团是许多人组成的，如果它的团员随意行动，它就会成为混乱一团，看着毫无乐趣；可是如果他们有规则有秩序地动作和歌唱，那么这同一队人就会既值得看又值得听了。而且，亲爱的，没有秩序的军队是乌合之众，很容易为敌人俘虏，为朋友瞧不起，而且是毫无用处的，——驴、骑兵、担夫、轻装兵、马队、战车，乱挤在一起。[①] 他们你妨碍我，我妨碍你，有的走有的跑，有的跑有的停，战车撞马队，驴撞战车，担夫撞骑兵，像这种样子，他们怎样行军呢？在这种情形下，如果要作战的话，他们怎能打仗呢？因为那一受攻击就得逃跑的部队，就足以把重步兵践踏在脚底下了。但是军容整齐的军队却使朋友们看起来觉得壮观，使敌人看着不愉快。什么朋友看到强大的马队整齐地进军会不高兴呢？他看着列队前进的骑兵会不赞美吗？马队、骑兵、轻装兵、弓箭手、投石手一队一队排列着，整齐地跟在他们长官的后面，什么敌人看着不害怕呢？不但如此，即使在进军时也是秩序井然，虽然人数成千上万，可是都沉着稳健地像一个人似的向前移动，后面的每一行都不断地填补前面的空隙。还有，一只装载军队的战船，所以使敌人害怕，使朋友们觉得壮观，还不是因为它的速度吗？战船上面的水手为什么不互相妨碍呢？不就是因为他们都有秩序地坐着，身子有秩序地前后摆动，有秩序地上船和下船吗？如果要找一个杂乱无章的典型，我就想到一个农人，他把大麦、小麦和豆子都放在一个大箱子里，所以他在要做糕饼、面包或布丁的

① 《居鲁士的教育》，Ⅵ，iii，25；《苏格拉底言行录》，Ⅲ，i，7。

时候，必须选出谷类，而不是看到它同其他粮食分开，立刻可以应用。”

“‘“所以，亲爱的，如果你不愿意这样杂乱无章，而愿意正确地知道应该怎样管理我们的财物，容易找到我们所需要的东西，令我满意地把我所要找的东西交给我，那么，就让我们选好应该存放各种东西的地方；并且在把东西放在适当地点以后，还要训练女仆从什么地方去拿，放回到什么地方去。这样我们就会知道哪些东西是完好的，哪些不是这样；因为如果东西没有了，那个地方本身就会显得空荡荡的，一眼就可以看出我们需要注意什么东西；而且知道什么东西在什么地方，我们马上就可以拿到手，不用费事就可以使用。”

“‘苏格拉底，从前我曾有机会看过大腓尼基商船，我觉得我从来没有看过安排得这样好这样确当的船具。因为我从来没有看过这么多的东西都分别地装填在一间非常小的贮藏室里。你知道，一只船在进港或出海的时候，需要有很多木制和绳制的用具；在航行的时候，需要有许多所谓的索具，许多保卫自己防备敌船攻击的装备；它携带大批船员使用的武器，载有全套做饭用的家庭用具。除此以外，它还装有船长携带的用以牟利的货物。所有我说的这些东西，都装在一间不大于一百平方腕尺[①]的屋子里。我看到每种东西都收藏得十分巧妙，一点也不乱，用不着人翻寻，没有放得不得其所的东西；当急需使用什么东西的时候，也不会因麻烦的解

① 原文 δεκάκλιυος 照字面讲是“有放十个床位的地方”；但是 κλίυη（床）的这种合成语，似乎是被用来表明一种确定的大小尺度的。

捆工作而耽搁时间。我发现舵手的仆人——叫作大副的——对于每一部分都非常熟悉，即使不在当场也能说出什么东西在什么地方，什么东西还有多少，就好像一个会拼音的人能够说出苏格拉底这个词有多少字母，这些字母的先后次序是怎样的。那时我看见这个人在闲暇时间里检查船上[①]必然要用的一切东西。我看见他检查这些东西，觉得挺奇怪，问他在做什么。他回答说，"先生，我在检查船上的索具收藏得怎么样，看看万一发生意外，是不是有的东西找不着或是和别的东西混放在一起。因为在神使海上起风暴的时候，如果这些东西放得杂乱无章，你就来不及寻找你所要用的东西，也来不及把它拿出来用。因为神总是威胁和惩罚不小心的人，如果他完全不伤害无辜，那你算是走了运啦。当你把自己的工作做好的时候，如果他拯救你，你应该深深地感激上天才好。"

"'看了安排得这样整齐的船具以后，我对我的妻子说："既然商船——即使是一只很小的商船——上的人，能够腾出地方来安放东西，在颠簸不堪、东摇西摆的情况下，也能维持秩序，并且他们虽然担惊受吓，也能找出他们所要找的东西，那么，我们的房子里既有分别存放各种东西的大库房，我们的房子又是建筑在稳固的基础上，如果我们不能给各种东西都找到适当的好地方，那我们真是太粗心大意了。如果是那样的话，我们岂不是非常愚蠢吗？"

"'"把一个人的家庭用具安放整齐的好处，以及在家中寻找安放每类用具的适当地方是多么容易，我都已说过了。各种各样的靴子一排一排地排列着，那该是多么好看啊！各种各样的斗篷、毯

① 更可能是"在航行时候"。

子、铜器或餐具都分门别类地安放着，那该是多么好看啊！的确，当我说就连盆盆罐罐排列整齐都很美观的时候，无论这种说法怎样使聪明人发笑，任何严肃认真的人是不会发笑的。简单地说，无论什么东西，只要安放整齐，都能有一种美。因为每组东西都像是一队用具，而且如果每组东西都排列得界限分明，各组之间的间隙也是很好看的，正像祭坛周围的一队舞蹈家，他们本身很好看，而且连空档也显得很好看，显得整整齐齐，毫无阻碍。”

“‘“亲爱的，我们不用怎样费事就可以证明我所说的话是正确的。而且，亲爱的，没有任何理由担心不容易找到那种会熟悉各个地方和记得把每一类东西都放到它的适当地方的人。因为，我相信，我们都知道：整个城市所有的东西，比我们多上万倍；可是你可以派遣任何仆人到市场上去把一样东西买回家来，他并不会感到为难，因为他们每一个人都必定知道应该到什么地方去购买什么物品。所以如此，其唯一原因就是每种东西都是有其固定地点的。但是当你要找一个人时，虽然他本人也可能正在找你，你却往往找不到他。所以如此，就是因为没有规定好见面的地点。”

“‘关于家庭用具的安排和使用问题，我觉得这就是我所记得的和她谈话的大意。’”

九

“‘结果如何呢？’我问；‘伊斯霍玛霍斯，那时你认为你的妻子还留心听你这样热诚地教给他的话吗？’

“‘当然，她答应注意我的话，她显然非常高兴，觉得她已经找

到解决她的困难的方法，她要求我马上照我所说的那样来安排我们的东西。'

"'伊斯霍玛霍斯，你是怎样替她安排东西的呢？'我问。

"'哦，我决定先把我们房子里可以放东西的地方指点给她看。我们的房子里并没有多少精巧的装饰品，苏格拉底；所有的屋子都只是为了尽可能方便地安放那些要安置在里面的东西而设计出来的，所以每间屋子正好安放那些适宜于放在里面的东西。例如贮藏室由于它的位置安全，应该存放最贵重的毯子和用具；几间干燥的屋子存放谷物；凉爽的屋子存酒；光线好的屋子存放需要亮光的艺术品和器具。我让她看到装饰过的一般用的住屋都是冬暖夏凉的。[①] 我告诉她整个房子坐北朝南，所以冬天有阳光，夏天有阴凉。我也让她看到女用人的住处已经用一扇上了锁的门同男用人的住处隔开了，所以所有不应当搬动的东西都不会被人拿走，而仆人们没有我们的许可也不会养孩子。因为诚实的仆人如果有一个家庭总会变得更为忠实；而那些坏家伙们如果结了婚反而更容易做坏事。'

"'我们既然已经弄清楚了整个的情况，就立刻着手一批一批地给家具分类。我们首先把祭神用的器具收集在一起，然后把女人的节日服装、男人的节日服装和军服、女人住处的毯子、男人住处的毯子、女鞋、男鞋都放在一起。另一批是武器，再有三批是纺绩用具、做面包用具和烹调用具；此外还有洗涤用的东西、揉面槽上用的东西和餐具。我们把所有这些东西分成两类：经常使用的

① 《苏格拉底言行录》，Ⅲ，viii，9。

和节日使用的。我们还把按月消费的东西单搁在一起，把准备要食用一年的口粮另放在一处。因为这样可以使我们更容易地知道怎样使这些东西能维持到年底或月底。我们分门别类地整理了这些可以移动的财产以后，就把所有的东西都安放在它的适当的地方。然后让那些必须使用这些东西的仆人知道，他们每天要用的烤面包、做菜、纺绩等等用具放在什么地方；把这些东西交给他们保管，责成他们不得损坏。我们把那些只是在节日、宴会才使用，或是不常使用的东西都交给管家妇；告诉她存放这些东西的地方、点清数目、列出清单以后，我们嘱咐她要把它们交给适当的仆人，要记住都交给谁什么东西，而且在收回来以后，要把每件东西都放回它原来的地方。'

"'在指派管家妇的时候，我们所选择的人乃是我们在考虑以后认为是在吃东西、喝酒和睡觉方面最有节制的人，[①]是对于男人最温顺的人，也是看来记性最好、最小心谨慎、不会因玩忽职务而触怒我们，而且尽力想讨好我们以获得奖赏的人。我们还教育她忠实于我们，其方法是既使她分享我们的一切快乐，也让她分担我们的困难。此外，我们还训练她使她热心于增进我们的财产，其方法是使她熟悉我们的财产，并且让她分享我们所获得的成就。而且，我们还给她灌输正义感，其方法是给正直的人以比不正直的人更大的荣誉，并且向她指出正直的人要比不正直的人生活得更富足、更自由。然后我们把她放在那个优越的位置上。'

"'苏格拉底，做好了这些事情以后，我告诉我的妻子说：如果

① 《苏格拉底言行录》，I，v，1；《居鲁士的教育》，I，vi，8。

她自己不留心查看，使仆人们严格遵守我们安排的每一细节，则所有这些办法都将是无效的。我解释说：在秩序良好的城市里，市民不仅以通过良好法律为满足，他们还要更进一步，选择法律的监护人，使这些人充任监察员，褒奖遵守法律的人，惩罚违犯法律的人。因此我让我的妻子把她自己看做是我们家庭法律的监护人。正像守备队的指挥官检查他的士兵一样，她必须在她认为适宜的时候检查家里的财产；像市议会仔细察看骑兵和马匹一样，她必须弄清所有的东西是不是情况良好；像是一个皇后，她必须在她的职权之内奖励那些值得受到称赞和荣誉的人，也决不宽恕那些应该受到谴责和惩罚的人。'

"'而且，我还告诉她：她不应该因为我交给她的关于我们的财产的责任比仆人们重而感到烦恼。我指出，仆人搬运、照管和保卫主人的财产，他们只是在这种意义上才能分享到财产的一部分；他们除非得到主人的许可，无权使用任何东西；一切东西都属于主人，主人可以随意使用它们。因此，我解释说，那些由于保全财物而得到最大利益以及由于财物毁坏而受到最大损失的人，乃是必须对于这些财物给予最大关怀的人。'

"'那么，伊斯霍玛霍斯，'我说，'你的妻子愿意听你的话吗？'

"'当然，苏格拉底，'他大声说，'她当时告诉我说：如果我认为叮嘱她必须照管我们的东西是给予她一项困难的任务，那我就错了。她说，如果我要她玩忽她自己的财产，那倒比使她有照管她自己特殊幸福的责任，是更为难堪的。'他补充说，'我想，事实上，正像一个好女人照管她自己的孩子们，当然要比不照管他们更为安心一样，一个好女人是愿意照管她自己的财产，而不愿意不管她的财产的。'"

十

"当我听说他的妻子曾经这样回答他时，我大声说：'真的，伊斯霍玛霍斯，照你这样说，你的妻子真是巾帼须眉啊！'

"'是的，'伊斯霍玛霍斯说，'我准备给你再举几个关于她的品性高尚的例子，在那些例子中，我只要说一句话，她马上就服从。'

"'告诉我都是什么事，'我喊道；'因为即使修克西斯[①]给我看他亲手画的漂亮女人的肖像，它所给我的快乐，也抵不上我默想眼前一个女人的美德时所得到的快乐的一半。'

"于是伊斯霍玛霍斯开始讲道：'苏格拉底，有一天我看她脸上已经化好了妆：她已擦上了粉，好使她显得更白些，她已抹上胭脂，好使她的脸蛋更红些。她还穿一双厚底靴子以增加她的高度。于是我和她说，"亲爱的，请问你，作为我们财物方面的一个合作者，我怎样才更值得你爱我：是应该按照真实情况告诉你我们所有的东西，既不虚夸也不隐瞒其中任何部分呢？还是应该设法言过其实地欺骗你，用劣币和镀金的项圈瞒哄你，并把会褪色的衣服说成是货真价实的紫袍呢？"

"'"别说啦！"她马上打断我的话，"千万别那样——如果你那样的话，我决不能真诚地爱你！"

"'"那么，亲爱的，我们不是还有另一种纽带把我们结合在一

① 修克西斯是纪元前5世纪末古希腊的画家。——译者

起，使我们成为身体方面的合作者吗？”

“‘“无论如何，人们都这样说。”

“‘“那么，在这种身体方面的合作关系中，我怎样才更值得你爱我——当我把我的身体呈现在你眼前的时候，是应该努力使它强壮健康，因而真正地使你看着好看呢？还是应该在来到你跟前拥抱你以前，先在脸蛋上抹些铅丹，把眼睛底下涂上胭脂，欺骗你，让你看到和抚摸到的是铅丹，而不是我的真正肌肤呢？”

“‘“噢，”她喊道，“我宁愿抚摸你，而不愿抚摸铅丹；宁愿看到你原来的肤色，而不愿看到胭脂；宁愿看到你的明亮的眼睛，而不愿看到它被涂上油彩。”

“‘“那么，亲爱的，你要知道，我也不愿意看到白粉和胭脂，而宁愿看到你真正的肤色。正像神使马爱马、牛爱牛、羊爱羊一样，人类也认为不加伪装的人体是最可爱的。像这种无聊的装饰，也许可以用来欺骗外人，但是生活在一起的人如果打算互相欺骗，那一定会现出真相的。因为在早晨梳妆打扮的时候就现出真相；一出汗就万事全休；掉眼泪会揭露伪饰；洗澡会使他们原形毕露！’”

“‘请问你，对于这点，她说了些什么？’我问。

“‘什么都没说，’他说，‘只是从那天起，她就不搞这种事情，而努力让我看到她原来的不加伪饰的本相。而且，她曾问我是不是能在这一问题上给她一些忠告：她怎样能使自己真正美丽，而不仅仅是在外表上好像很美丽。苏格拉底，我的忠告是这样：“不要像奴隶似的总坐着，而是要——上天保佑你——作一个女主人：常常站在织布机前面，准备指导那些技术不如你的人，并向比你强的人学习；要照管烤面包的女仆；要帮助管家妇分配口粮；要四处查看各种东西是不是放得各得其所。"因为我觉得这既能使她活动又能使她有工作可做。我还说:合面揉面团、抖弄和折叠斗篷与被褥乃是最好的运动;这种运动可以促进她的食欲,增进她的健康,因而可以增加她的脸庞上的血色。而且,如果妻子的容貌比女仆漂亮,并且穿着更鲜艳、更合适的衣服时,她们真是令人魂销的,特别是在妻子甘心情愿地做事情,而丫头们做事是出于不得已的时候。但是那些像轻视劳动的时派妇女那样闲坐着的妻子,就将与那些虚伪的、骗人的、不正派的妇女相类似了。苏格拉底,你可以确信,我的妻子的衣着和容貌与我给她的教导是一致的,也与我现在的描述是一致的。'"

十一

"谈到这里,我说道,'伊斯霍玛霍斯,我觉得你述说你妻子的事情,到现在已经很够了——你们俩人都是很值得钦佩的。可是现在告诉我你自己的事情吧。这样你会因你说明你所以受人如此尊敬的原因而感到愉快,而我也会非常感激你向我详细说明了一个高尚的人所做的事情;如果我的理解力还行的话,我要彻底了解这些事情。'

"'好吧,苏格拉底,'伊斯霍玛霍斯回答说,'我非常愿意向你说明我的日常工作,这样,当你认为我的行为有不对头的地方的时候,你可以责备我。'

"'关于这点,'我说,'我怎么敢责备一个尽善尽美的高尚的人呢?人们都认为我是一个把脑袋悬在半天空里的纯粹的夸夸其谈的人;[1]人们管我叫一个穷叫花子——这是最无意义的辱骂。伊斯霍玛霍斯,我告诉你,如果不是在一两天以前我碰到外国人尼西阿斯[2]的那匹马,这后一个臭名儿真要使我心灰气馁了。那天我看见一群人跟在马后面一边走一边看,我还听见其中有些人滔滔不断地谈论它。我就走到马夫跟前,问他这匹马是不是有很多财产。马夫打量着我,好像我一定发了疯,才会问这样的问题;他问我一匹马怎么会有财产。听见这句话,我清醒过来了,因为他的答复说明:即使是一匹穷马,只要造物主给它以健全的精神,就有可能成为一匹好马。所以,你不妨假定我也可能成为一个好人,详细告诉我你所做的事情,这样,只要我能够理解,我从明天早晨起就可以学习你的榜样;因为明天是一个开始做好事的好日子。'

"'苏格拉底,你是在开玩笑,'伊斯霍玛霍斯说:'然而我还是愿意告诉你,我毕生中一贯极力遵守的都是什么原则。我似乎觉得:虽然神使那些不了解和不留心他们所应该做的事情的人得不到繁荣,可是在那些既聪明又谨慎的人们当中,神也是把繁荣赐给一些人,而不把繁荣赐给另一些人。所以我首先崇敬神祇,再努力这样地持身处世,使我能够有健康的身体和体力以达成我的祈祷的目的,使同胞们尊重我,使朋友们爱我,使我能够在战争中不受伤害而获得荣誉,并能用公正的方法来增加我的财富。'

---

① 这是人们常常嘲笑苏格拉底的话;例如,亚理斯多芬,《云》,225:"苏格拉底,你在做什么?""我在半天空中散步,并且在太阳上沉思;"又如 1480:苏格拉底,"请原谅我这愚蠢的夸夸其谈。"

② 如果原文无误的话,这个人也不会是那个著名的尼西阿斯(尼西阿斯是纪元前5世纪雅典的军事领袖和政治家)。——译者

“听到这里，我问道：‘什么，伊斯霍玛霍斯，你真想要发财致富，不避很大辛苦来照管你的财富吗？’

“‘对于你这一问题，’他说，‘我的回答是：是的，我确是这样。苏格拉底，因为我愿意崇奉神祇，不惜任何牺牲；我愿意帮助有困难的朋友；我愿意使这个城市不缺乏我的财力所能提供的装饰品’。

“‘真是崇高的抱负，伊斯霍玛霍斯，’我喊道，‘毫无疑问，你是配做一个有钱的人的！由于有许多不靠别人帮助就无法生活的人，又由于有些人只要能得到足够供他们需要的东西便感到满足，所以，那些能够保持自己的财产，并且能有足够的剩余来修饰城市和救济朋友的人，确实应当被认为是高尚而伟大的。’然而，我接着说，‘我们是惯常颂扬这种人的。伊斯霍玛霍斯，还请你回到原来的话题上，告诉我你怎样注意你的健康和体力，怎样使你能够在战争中不受伤害而获得荣誉吧。然后我还很愿意听听你的赚钱方法。’

“‘哦，苏格拉底，’伊斯霍玛霍斯回答说，‘据我所知，这些事情都是互相关联的。因为如果一个人有很多的食物，并且能适当地消化它们，[1]我认为，他就既能保证他的健康，又能增加他的体力。学习战术，使他更有资格光荣地保全他的身体。适当的勤勉努力，不沾染放荡的恶习，使他更有增加他的财产的可能。’

“‘伊斯霍玛霍斯，你所说的话，我都理解了。’我回答说，‘你是说：一个人如果饭后作些活动、勤勉努力、锻炼自己，他就很容

① 《居鲁士的教育》，I，ii，10。

易得到人生中的好东西。但是我现在希望你说得详细些。你做哪类工作来努力保持你的健康和体力呢？你怎样练习战术呢？你怎样勤勉努力来获取盈余，用以帮助朋友并增强这个城市的力量呢？'

"'好吧，苏格拉底，'伊斯霍玛霍斯回答说，'我很早起床，如果我要去看什么人，我确信这时候他还呆在家里。如果我在城里有事要办，我就拿它当作散步的机会。如果在城里没有急需办理的事情，我的仆人就把我的马带到田里，而我自己安步当车地走着去。苏格拉底，这或许比我在两旁有店铺的街道上蹓跶一趟更有好处。我到了田里以后，我可能看到栽秧、除草、播种或收获工作正在进行着。我监督这种工作的每一细节，用我可能提出的方法来加以改良。作了这些事情以后，我常常是骑上马，进行锻炼，尽可能模仿战争中所需要的操练。我既不避开斜坡和陡坡，也不避开沟渠和河道，但是当我的马越过这些东西的时候，我尽可能地当心，不让它扭伤腿。我骑完马以后，仆人给它一束草料，然后带它回家，使它从田里驮回城里偶然缺乏的一些东西。我把归程分为两部分，一半走，一半跑。到家以后，我用刮皮具[①]洗澡，然后吃午饭。苏格拉底，我吃得不多不少，使后半天既不空肚子，也不太饱。'

"'真的，伊斯霍玛霍斯，'我喊道，'我很喜欢你的这些活动。因为你有一套保证健康和体力的办法、战争的锻炼项目和发财的特效药，你把这些东西同时运用在一起了！在我看来，这真是妙极

① 一种金属、象牙或角制的器具，古希腊人沐浴时用以刮皮肤者。——译者

了！事实上，你提供了令人信服的证据，说明你追求任何一种目的的方法是正确的。因为我们看到，谢天谢地，你总是既有健康的身体，又有很好的体力，而且我们知道你一向被认为是我们的最好的骑手和最富的市民之一。'

"'苏格拉底，这些活动的结果怎样呢？这或许是你想要听的，我并不是总被称为高尚的人，而是不断地受到诽谤。'

"'啊，伊斯霍玛霍斯，'我说，'但是我想要问你的是：如果你不得不出现在法庭上，你是不是把进行起诉和答辩的才能也包括在你的体系之中呢？'

"'怎么，苏格拉底，'他回答说，'你不知道[1]这正是我经常做的事——向诽谤我的人说明我无害于任何人而且尽我所能做有益于很多人的事情吗？我仔细地注意某些有害于很多个人和国家并无益于任何人的人，你难道认为我这不是在练习揭发他们的本领吗？'

"'可是请你再告诉我一件事，伊斯霍玛霍斯，'我说；'你也练习解释这些问题的本领吗？'

"'当然，苏格拉底，'他回答说，'我孜孜不倦地练习说话的本领。我让一个仆人充当原告或被告，并且设法驳斥他；或者是，当着某个人的朋友们的面赞扬或责备他；或者是，我充当我的某些朋友之间的和事佬，努力劝告他们互相和好是比互相仇视对于他们更有好处的。我参加军事法庭，谴责一个军人；要不然就替换着为不应受到责备而受到责备的人辩护，或揭发不应受到荣誉而受到

① 《苏格拉底言行录》，Ⅳ，viii，4。

荣誉的人。我们常常充当辩护人，支持我们所要采取的行为，反对我们所要避免的行为。苏格拉底，从前我往往让人挑出毛病来，被判受罚或赔偿损失。'

"'伊斯霍玛霍斯，谁挑你的毛病呢？'我问；'我简直不明白！'

"'我的妻子，'他回答说。

"'请问，你怎样辩解呢？'我说。

"'当说实话对于我有利的时候，倒挺好办。但是，苏格拉底，如果需要说谎，那我可没法使坏事显得好像是好事——噢，不能，完全不能。'

"'伊斯霍玛霍斯，'我评论说，'或许是，你不会颠倒黑白！'"

十二

"'可是恐怕我耽搁你太久了，伊斯霍玛霍斯，'我接着说，'你现在打算离开了吧？'

"'噢，不，'他回答说，'在市场上人未散净以前，我还不想走。'

"'真的，'我接着说，'你极度小心，决不丧失你被称为高尚的人的权利！因为我敢说，现在一定有很多事情等你去照管；可是，由于你已经和那些外地人订了约会，你就决定不失约。'

"'但是，我向你保证，苏格拉底，我也没有忽视你所说的那些事情；因为我的各个田地里都有管家。'

"'伊斯霍玛霍斯，当你需要一个管家的时候，你是先留心寻找有资格做这种工作的人，然后再设法去购买他——如果你需要一个建筑者，我确信你一定先找合格的人，然后再设法得到他——还

是你自己训练你的管家呢?'

"'苏格拉底,我当然自己设法训练他们。因为在我不在的时候,他必须能够管理事情,那么,为什么不让他知道我自己知道的事情呢?如果我能够胜任管理农场的话,我认为我就能够把我所知道的事情教给别人。'

"'如果在你不在的时候他要代表你,那么最要紧的事就是他必须忠实于你和你的家庭。因为如果一个管家不忠实,那他即便有知识又有什么好处呢?'

"'当然没有好处;但是我可以告诉你,我尽力教给他们的第一课,就是要他们忠实于我和我的家庭。'

"'请你务必告诉我,你怎样教育你的仆人,使他们忠实于你和你的家庭呢?'

"'每当神赐予我们某种充足的好东西的时候,当然要奖赏他们。'

"'那么,你是说,那些能分享你的好东西的人,都忠实于你,并希望你兴旺吗?'

"'是的,苏格拉底,我发现这是最好的使人产生忠心的办法。'

"'但是,伊斯霍玛霍斯,如果他忠实于你,那就足够使他成为一个合格的管家吗?你可知道,虽然实际上所有的人都希望自己幸福,可是还有许多人怕麻烦,不去找他们所想要得到的好东西?

"'可是,当我要让这类人当管家的时候,当然我还要让他们知道小心谨慎。'

"'请问你怎样教他们?我觉得小心谨慎这一美德不是能教的东西。'

"'的确,苏格拉底,要教给你所碰到的每一个人小心谨慎,那

是不可能的。’

“‘很对；可是什么样的人可教呢？无论如何，请你告诉我。’

“‘苏格拉底，首先，你不能使一个酒徒成为小心谨慎的人；因为喝酒会使他们忘记他们所应该做的一切事情。’

“‘那么，只有酒徒永远不能小心谨慎吗？是不是还有别人呢？’

“‘当然还有别人——懒汉也一定要包括在内；因为当你睡觉的时候，你就不能做你自己的事情，也不能使别人做他们的事情。’

“‘那么，这两种人就构成了不能学习这一课程的人的全部吗？是不是还有别人呢？’

“‘我还要补充说明，我认为拼命地沉溺于爱情的人，就不能像他关心他的恋爱对象那样关心别的事情。因为除了迷恋情人以外，他很难觉得有什么更为中意的事情或更值得希求的东西！而且，当被逼做什么事情的时候，他很容易想到，妨碍他和爱人交往乃是最严厉的惩罚！所以，我也不敢试图使这类人当管事人。’

“‘那些爱财的人怎么样？他们也没有被训练去管理农场工作的资格吗？’

“‘不是的，当然不是的。事实上，他们很容易取得做这种工作的资格。只是必须向他们指出，勤勉努力是有好处的。’

“‘假定别的人没有你所谴责的那些毛病，而且不甚贪图利得，你怎样教育他们，使他们对于你所要交给他们管理的事情小心谨慎呢？’

“‘苏格拉底，办法很简单。只要我一看到他们小心谨慎，我就褒奖他们，给他们荣誉；但是当他们显得粗心大意的时候，我就要

说一些刺激他们的话，做一些刺激他们的事情。'

"'伊斯霍玛霍斯，现在先不谈这些为工作而加以训练的人的问题，请你给我讲讲这样的理论：如果一个人自己不小心谨慎，他能够使别人小心谨慎吗？'

"'当然不能。一个不会音乐的人就不会教音乐。因为如果老师不会指点你，你就很难学会做好一件事情；如果主人指引仆人粗心大意，这个仆人就很难成为好仆人。简单地说，我认为我从来没有看见过不好的主人会有好的仆人；可是我碰到过好主人有不好的仆人——不过这些仆人都因此而受到责罚了！如果你要使人们能够胜任地管理事务，你就必须监督他们的工作，检查他们的工作，随时奖励那做得很好的工作，毫不迟疑地给予粗心大意的人以应有的惩罚。我很喜欢人们认为是那个波斯人所作的解答。你也知道，国王偶然碰到一匹好马，想要尽快地把它养肥。于是他去请教一个著名会养马的人，养肥一匹马的最快的方法是什么。这个人回答说："主人的眼睛。"苏格拉底，我觉得我们可以把这句答话用到一般事情上，而且可以说，好的和有价值的工作大半都是主人的眼睛做出来的。'"

十三

"我接着说，'当你已经使一个人知道必须小心谨慎地对待你所交给他的任务以后，他就有资格充当管家了吗？还是必得另外学习一些别的事情，才能有能力呢？'

"'当然，'伊斯霍玛霍斯回答说，'他还必须懂得他应该做什么事情，以及在什么时候和用什么方法去完成。要不然，一个管家岂不和一个从早到晚忙着去看望病人，而对于给这个病人治病的正当方法毫无所知的医生一样，又能有什么更多的用处呢？'

"'嗯，假如他已经学会了怎样做田间的工作，他还需要再学一些别的东西呢？还是现在他就可以成为一个尽善尽美的管家呢？'

"'我认为他必须学会管理劳力者的方法。'

"'那么你也训练你的管家，使他们有能力管理人吗？'

"'是的，无论如何，我竭力这样做。'

"'请你告诉我，你怎样训练他们成为会管理人的人？'

"'用一种极为幼稚的极容易的方法，苏格拉底。如果我告诉你，我保证你一定会发笑。'

"'哦，可是这确实不是一件好笑的事情，伊斯霍玛霍斯。因为一个人如果能够使人们有管理别人的能力，他也就能够教导他们做别人的主人；如果他能够使他们有做主人的能力，他就能使他们有做国王的能力。所以在我看来，能做这种事情的人值得大大受到赞扬，而不是讥笑。'

"'好啦，苏格拉底，训练他种动物驯顺有两种方法——当它们打算不听指挥的时候责罚它们；当它们热心替你做事的时候奖励它们。例如，驯马师训练小马服从他的方法就是，当它们听话的时候就给它们一些它们所喜欢的东西，而当它们不服从指挥的时候就使它们感到不自在，直到它们按照他的意图行动为止。还有小狗，它们在智力上和表现能力上远不如人，可是它们学会怎样跑圈子、翻跟斗和许多其他的这一类的把戏。这就是因为当它们听话的时候，它们得到它们所要的东西，而当它们疏忽大意的时候，它们就受到惩罚。至于人，只要用嘴说服他们，告诉他们服从指挥有好处，就会使他们更为忠顺了。但是对于奴隶来说，适用于训练野兽的办法也同样是训练他们驯顺的很有效的方法，因为你只要用他们所渴望的食物填满他们的肚子，就能收到很大效果。对于那些有志气的人，褒扬也是一种鼓励，因为有些人生性渴望褒扬，和另一些人渴望吃肉喝酒是一样的。这些正就是我自己为了使人们更为忠顺而做的事情；但是我给予我所要派为管家的人的教育还不止这些，我还有别的方法帮助他们。因为我必须为我的劳工们准备的衣服和鞋子并不是完全一样的，有的好一些，有的坏一些，以便我可以用上等的东西奖励较好的仆人，而把次等的东西给予不该受赏的人。苏格拉底，因为我认为，如果好的仆人看到他们什么事情都做，而那些不肯努力工作并且在必要时也不肯冒险的人得到和他们一样的东西，那是会使他们非常沮丧的。因此，在我这方面，我决不肯把值得受奖的人和没有价值的人放在同一的水平上；当我知道我的管家把最好的东西分与最值得受奖的人们时，我就奖励他；如果我看到阿谀谄媚或任何其他无益的殷勤得到特别的好处，我决不忽视它；苏格拉底，我要训斥这个管家，设法使他知道这种徇私偏爱即使对他自己都是没有好处的。'"

十四

"'那么，伊斯霍玛霍斯，'我说，'当你觉得你的管家有管理别人使他们驯顺的能力时，你就认为他是一个尽善尽美的管家吗？抑或是，即使他具备了你所说的资格以后，还需要有一些别的东西呢？'

"'当然,苏格拉底,'伊斯霍玛霍斯回答说,'他还必须诚实,不窃取他的主人的财产。因为如果管理庄稼的人敢于弄走庄稼,使剩下来的东西不足以对这一事业提供利益,那么,在他的管理下的耕作又有什么好处呢?'

"'那么你自己也承担起进行这种公正诚实的教育的任务吗?'

"'当然是的;不过我觉得并不是所有的人都甘心情愿地注意这种教训。可是我仍然借助于从德雷科①和梭仑②的法律中引用来的箴言,把我的仆人们引上公正诚实的道路。因为我觉得,这些名家的法律中有许多就是为了这种公正诚实的目的而制定的。因为其中写道:"窃贼要为他们的盗窃行为而受罚,"以及"犯未遂罪的人如果当场被捕,将受到监禁和死刑。"③这些条款的目的显然是要使犯贪婪罪行的人得不到贪婪的好处。我应用这样一些条款以及波斯国王法典中所规定的其他条款,力图使我的仆人规规矩矩对待他们所经手的事务。因为虽然这些法律只处罚做坏事的人,④可是国王的法典不仅惩罚罪人,而且还使规矩诚实的人得到好处。所以,由于诚实的人越来越比不诚实的人富足,许多本来爱财的人也都小心谨慎地不去做不诚实的事情了。如果我发现有些人虽然受到很好的待遇,可以仍然不打算改变不诚实的毛病,那我就认为他们是无可救药的贪婪的人,要和他们断绝关系。另一方

① 德雷科,纪元前七世纪雅典立法家。——译者

② 梭仑(纪元前639?—前559年),雅典政治家兼立法家。——译者

③ 这句话并不是狄摩西尼《财权政治论者》第113节所认为属于梭仑的法律的明晰的或正确的叙述;有人怀疑原文有误。(狄摩西尼〔纪元前384?—322年〕,雅典雄辩家。——译者)

④ 《苏格拉底言行录》,Ⅲ,iv,8。

面，如果我发现有人不仅由于受到诚实的好处，而且由于希望得到我的嘉奖而有诚实的倾向时，我就像对待自由人那样待他，使他富足；而且不仅如此，我还给他以荣誉，认为他是一个高尚的人。苏格拉底，因为我认为有志气和贪心的区别就在于此；有志气的人就是为了得到赞扬和荣誉，才甘心情愿正正经经地工作，拼命做事情，不贪求不诚实的利得的。'"

十五

"'好啦，好啦，既然你已经教育你的仆人，使他希望你繁荣兴旺；也已经使他小心谨慎，好让你得到繁荣；并且已经使他得到为保证每件已完成的工作都能增加利润所必需的知识；还更进一步地使他能够管理别人；而且，除此以外，他也乐于按时按季地为你生产大量的谷物，同你亲自管理时所得的一样多，——我就不想再问，你的仆人是不是还有什么缺陷。因为我觉得，像那样的人很可以做一个十分有价值的管家了。可是，伊斯霍玛霍斯，对于我们刚才谈得最草率的那部分问题，请你不要留下漏洞。'

"'哪一部分问题？'伊斯霍玛霍斯问。

"'你说过，最需要学习的课程就是事情应该怎样做；而且你还说，如果一个人不知道做什么和怎样做，让他管理事情就不会有什么好处。'

"于是他说，'苏格拉底，你现在一定要我教给你农艺的全套方法和秘诀吗？'

"'是的，'我说，'因为也许正是这种东西，它使懂得它的人成

为富人，而使不懂得它的人，虽然十分勤劳，却度着贫穷的岁月。'

"'好吧，苏格拉底，现在我要告诉你农业技艺是多么好的东西。无论对于神或人，它都是最有益、最可爱、最光荣、最可贵的，而且它也是最容易学的。的确是十分高贵的东西！正如你所知道的，我们把那些美丽的、优异的、有用的、然而对于人类又是驯良的动物，都叫作高贵的动物。'

"'啊，伊斯霍玛霍斯，我认为我十分了解你对于这些问题的说明了——我指的是怎样训练一个管家；因为我觉得我很懂得你所说的话：你使他对你忠实，使他小心谨慎，使他能够管理别人，而且使他诚实。可是你说过，一个人如果要成功地管理一个农场，必须知道应该做什么，怎样做和什么时候做。正是这个问题，我觉得我们刚才讨论得未免过于草率了，你无异于说：任何想要具有默写和读书的能力的人，都必须认识字母。因为，如果告诉我怎样默写和读书，当然也应该告诉我必须认识字母，可是我认为只告诉我这点并不能帮助我认识字母。现在就是这种情形；我很容易相信，想要成功地管理农场的人必须懂得农业；但是只知道这点并不能帮助我懂得如何经营农业。如果我在这时就要决定做一个农人，我想我一定会和那到处看望病人而不懂得如何给病人治病的医生一样。因此，为了不让我像那个医生一样，你必须教给我实际的种地方法。'

"'唔，苏格拉底，学习其他技艺的人必须费很多的时间和精力，才能依靠这种工作来挣取他的生活费用，农业可不同，它是不难学的。有些事情，你看看别人怎样做就可以学会，有些事情一听就会，而且如果你愿意，你满可以传授别人。我相信你自己就知道很多农业上的事情，虽然并不知其所以然。事实是：别种技工都或多或少地把他们的技艺里面最重要之点隐藏起来，而最会栽秧的农人却最高兴人们去看他工作，最会播种的农人也是如此。跟他打听为什么某一工作做得好，他会原原本本地告诉你他是怎样做的。所以，苏格拉底，农业似乎能使从事农业的人具有豁达的胸襟，任何其他行业都赶不上它。'

"'真是一段绝妙的引言，'我喊道，'而且还不是一种挫折听者的好奇心的东西。正因为它非常容易学，你就给我讲讲吧。因为讲授一些初级课程并不玷辱你，而我要是不懂得这些课程却是很大的耻辱，特别是如果这些课程真是有用处的话。'"

十六

"'那么，苏格拉底，我首先要告诉你：有些作家在农业理论上写作得极为精确，但他们却不是有实际经验的农人，因此他们所谓的农业中最复杂的问题，实际上是一件很简单的事情。他们告诉我们说，要做一个成功的农人，首先必须知道土壤的特性。'

"'是的，他们说的对，'我说，'因为如果你不知道土壤能够生长什么，我认为，你就不能知道应该栽什么或播种什么。'

"'那么，'伊斯霍玛霍斯说，'你看看别人土地上的庄稼和树木，就可以知道那个土壤能出什么和不能出什么了。但是当你已经明白以后，要想逆神行事是没有用处的。因为如果你不栽种土地所喜欢的庄稼和树木，而播种和栽植你自己想要的东西，那你就不会得到好的收获。碰到地主太懒以致土地不能显露它的能力的时候，你常常可以从邻近地段上搜集到比从附近地主那里得来的更为正确的消息。而且，即使是土地荒芜着，它也能显露出它的特性。因为，如果地上的野生物是上等的，那么，只要好好耕种，这块土壤也一定能够生产上等的庄稼。所以，即使根本没有耕种经验的新手，也能确定土壤的特性。'

"'好啦，伊斯霍玛霍斯，我想我现在深信：我不必因为恐怕不懂得土壤的特性而不去耕种了。事实上，我想起了那些渔夫，虽然他们的工作是在海上，虽然他们既不停下船来仔细看一看，也不减低速度，可是，当他们从田地旁边疾驰而过，看到庄稼的时候，都毫不迟疑地说出他们对于土地的意见：哪一块地好，哪一块地坏，有时候骂，有时候夸。而且，我注意到，他们所说的关于好地的意见，总是和有经验的农人完全一致的。'

"'那么，苏格拉底，让我重新提醒你关于农业问题的记忆吧；可是你愿意我从哪里开始呢？因为我知道我会告诉你很多你已经知道的关于正当的耕种方法的事情。'

"'首先，伊斯霍玛霍斯，我觉得我很愿意知道——因为这是哲学家的方法——当我想使小麦和大麦得到最好的丰收的时候，我应该怎样耕种土地。'

"'我认为你总知道首先必须准备好播种用的休耕地吧？'

"'是的，我知道。'

"'那么，假定我们在冬季开始犁地，好吗？'

"'哎哟，那时土地还是一块泥地！'

"'在夏季开始，怎么样？'

"'那土地也很难犁好。'

"'那么春季似乎是开始这一工作的适当季节了。'

"'是的,这时土地似乎是比较容易弄碎,如果它自己已经很松散的话。'

"'而且,在这个季节里,掘起来的草已经很高,可以作为肥料,但是,草籽要是没有落到地上,它也长不起来。我认为你也知道:如果不清除杂草,让休耕地完全曝晒在日光下,休耕地就不能是良好的,是吗?'

"'当然,而且我认为这是最主要的事情。'

"'你觉得要做到这点,除了在夏季尽可能屡次三番地翻掘土地以外,还有更好的方法吗?'

"'没有,我确实知道:如果你要使杂草倒在地面上在暑热中枯萎,要使土地曝晒在日光下,最可靠的办法就是在盛夏的中午来翻掘土地。'

"'当人们用翻掘的办法来整顿休耕地的时候,显然他们也必须使杂草和泥土分离开来吧?'

"'是的,而且他们必须把杂草扔在地面,让它枯萎,然后翻掘土地,使下面的一层[①]也能让日光晒着。'"

十七

"'那么,苏格拉底,关于休耕地的问题,我们的意见是一致的。'

① 照希腊文直译,应为"生地"。

“‘确实是一致的。’

“‘苏格拉底，现在我们再来谈谈播种时间吧。你是否认为过去经验所屡次证明为最好的、且为现在习惯所普遍承认的时间，是适宜于播种的时间？因为一到秋末，我认为所有的人都急切地仰望着神，看他什么时候下雨，好让他们能够安然播种。’

“‘是的，伊斯霍玛霍斯，所有的人当然都下了决心，只要有办法，就决不在干地上播种，因为那些不等待神的吩咐就播种的人，都已经受到种种损失了。’

“‘这样说来，’伊斯霍玛霍斯说，‘那简直是人同此心了。’

“‘是的，’我说，‘只要我们以神为师，我们大家的想法就会是完全一样的。例如，在冬天，所有的人都觉得——只要能办得到——最好是穿上温暖的衣服，而且如果有木柴，就都希望能够升上火。’

“‘但是，苏格拉底，’伊斯霍玛霍斯说，‘究竟是早播种好，晚播种好，还是在季度中间播种好？当我们谈到这一问题时，我们就发现很多不同的意见。’

“我说，‘神并不是按照一成不变的法则来调节四时的。这一年可能早播种好，那一年可能晚播种好，而另一年就可能在季节中间播种好。’

“‘那么，苏格拉底，你认为是不管多种少种，在这些播种时间中选择一个好呢？还是从最早就开始，一直播种到最后为止好呢？’

“‘伊斯霍玛霍斯，在我看来，我觉得最好是在整个季度中接连地播种。因为我认为随时都能得到足够的食物，要比一个时期收

得太多,另一个时期收得太少好得多。'

"'那么,苏格拉底,在这一问题上,学生和先生的意见又是一致的;而且还是你这个学生首先提出这一意见。'

"'可是,撒播种子是一个很复杂的问题吗?'

"'当然是的,苏格拉底,让我们也研究一下这个问题。我认为你和我一样,懂得种子是必须用手来撒播的,是吗?'

"'是的,我曾经看到过。'

"'啊,'他说,'但是有些人能够撒得很匀,有些人就不能。'

"'所以播种的人和弹竖琴的人一样,都需要经常练习,才能得心应手。'

"'你说得对。但是如果有的土地比较轻,有的土地比较重,那……'

"'我不懂你的意思,'我打断了他的话。'所谓"轻",你指的是"坏";所谓"重",你指的是"好"吗?'

"'对啦,我正是这个意思;我要问你:对于这两种土地,你是下一样多的种子,还是给哪一种多下一些呢?'

"'我的原则是这样:酒力越强,我就越多加水;挑夫的力气越大,我就让他东西挑得越多;如果必须养活别人,我就希望最富足的人养活最多的人。但是请你告诉我,坏地是不是也像骡、马一样,如果你多给它粮草,它就会变得更好一些。'

"'苏格拉底,你是开玩笑呵,'他笑着说,'可是让我告诉你:如果在下好种子以后,当土地从天空里吸收到很多养料、叶子刚长出来的时候,你就把它再犁进地里去,那么,它就成为土地的食粮,和肥料一样能够增加土地的力量。反之,如果你让种子继续生长,直

到它结了穗，那么，坏地终归是很难生产很多谷物的。你也知道，不好的母猪很难养出大群好的小猪。’

“‘伊斯霍玛霍斯，你是说土地越坏，就应该越少下种子吗？’

“‘当然是的，苏格拉底；而且你也同意这个意见，因为你说你的一成不变的习惯，就是让身体不好的人所负担的东西分量轻一些。’

“‘但是，伊斯霍玛霍斯，你为什么派人到田里去耨地除草呢？’

“‘我想你总知道冬季的雨量很大吧？’

“‘当然。’

“‘那么，让我们想一想：有些麦子吸饱了水，上面盖满了泥，有些让水冲得露出根来。而且，由于下雨的缘故，麦子中间长出杂草来妨害麦子的成长，这也是常有的事。’

“‘这些事情都是很容易发生的。’

“‘那么，在这种情况下，你觉得那些麦子要不要马上挽救呢？’

“‘当然需要挽救。’

“‘对于那些埋在泥里的麦子，你以为应该怎样办呢？’

“‘应该除去那些泥土。’

“‘那些露出根来的麦子呢？’

“‘应该用土把根埋起来。’

“‘如果长出杂草，妨害麦子的成长，并且像那懒蜂劫夺蜜蜂辛勤劳苦所贮积起来的食粮一样，劫夺麦子的食粮，那该怎样办呢？’

“‘当然必须除去杂草，就像必须从蜂房里除去懒蜂一样。’

“‘那么，你说我们应不应该派人去耨地除草呢？’

“‘当然应该；可是，伊斯霍玛霍斯，我正在考虑你提出一个适当的比喻的好处。因为你提到懒蜂，使我更愤恨杂草，如果你只谈杂草，那就没有这样的效果了。'"

十八

"'然而，'我继续说，'我想这以后就该收割了。请你也尽可能告诉我一些关于这一方面的知识。'

"'可以——除非是我发现我所知道的关于这一问题的知识，你也都知道了。你不是知道麦子得割下吗？'

"'这我当然知道。'

"'当你割麦子的时候，你是背风站着呢，还是迎风站着呢？'

"'不能迎风站着！因为我认为在割麦时如果让风把麦秆和麦穗迎面吹来，那对于眼睛和手是都有害处的。'

"'你是靠近麦穗来割呢，还是靠近地面来割呢？'

"'如果麦秆很短，我就尽量靠下割，好使麦稭能更有用些；如果麦秆很长，我认为就应该从中间割，好使打麦人和簸麦人不必在他们所不要的东西上花费不必要的劳动。我觉得烧掉割剩的残秆可以肥田，也可以把它们扔到肥料堆上来增大肥料堆的体积。'

"'苏格拉底，你可注意到，我所知道的关于收割的事情，你也确实完全都知道？'

"'似乎是这样；可是我还想知道我是不是也懂得怎样打麦子。"

"'那么，你一定知道，打麦子要用牲口？'

"'这我当然知道；而且牲口这个词儿包括牛、骡子和马。'

“‘你是否认为这些牲口被赶着走的时候，只知道怎样踩踏麦子呢？’

“‘那可不，牲口还能懂得什么？’

“‘苏格拉底，那么由谁来照管牲口使它们井井有条地踩麦子，并且使打麦工作能做到匀称均衡呢？’

“‘当然是打麦子的人。他们不断翻弄还没受到踩踏的麦子，把它扔到牲口的脚底下，这样他们当然就会使麦子匀称地铺在场地上，而且也能节省工作的时间。’

“‘这样说，你所知道的事情，完全和我所知道的一样了。’

“‘伊斯霍玛霍斯，我们的下一步工作不是要簸掉麦皮吗？’

“‘是的，苏格拉底；请问你，你知道如果站在上风的一边开始簸麦子，麦皮就会刚好飞过场地吗？’

“‘那一定是这样。’

“‘那么，有些麦皮不是要落到麦粒上吗？’

“‘是的，要簸掉的麦皮必须经过很长一段路，跨过麦粒才能到场里的空地那里。’

“‘可是如果你逆风开始簸麦，那怎么样？’

“‘那麦皮当然可以马上落到适当的地点了。’

“‘当你把一半场地上的麦子弄干净以后，你是马上接着簸其余的麦皮，让麦粒就呆在它原来的地方，还是先把已经弄干净的麦粒扫到一边[①]让它们只占极小的地方呢？’

“‘当然我要先把已经弄干净的麦粒扫在一起，这样麦皮就可

① 我确信原文 πόλος 一字在这里的真正意义，尚未为人所了解。

以落在空地上，而我也可以不必对于同一麦皮簸第二次了。’

“‘好啦，苏格拉底，你似乎很能够教给别人簸麦子的最快的方法了。’

“‘我真不知道我懂得这些事情；所以有时候我想：我是不是也懂得怎样炼金、吹笛子和画画。因为从来没有人教给我怎样炼金、吹笛子和画画，和没有人教给我种地一样；但是也正像我看过别人种地一样，我也看过别人炼金、吹笛子和画画。’

“‘我刚才不是告诉过你，种地是最高尚的技艺，其原因之一，就是因为它是最容易学的吗？’

“‘够啦，伊斯霍玛霍斯；我明白啦。似乎是，我懂得怎样播种，可是我自己却不知道我懂得它。’”

十九

“‘然而，栽种果树不也是农业里的一个部门吗？’我继续说。

“‘当然是的，’伊斯霍玛霍斯回答说。

“‘那么，我怎样会知道所有种地的事情，而完全不懂得种树的事情呢？’

“‘什么，你不会种树吗？’

“‘我哪里会种树？我既不知道什么样的土地种树好，也不知道应该挖多么深、多么阔的坑；既不知道应该种多少棵树，也不知道应该怎样把它栽在土里才能使它长得好。’

“‘那么，学一学你还不懂得的事情吧。我相信你看过别人为种树而挖的坑。’

"'是的,常常看到。'

"'你看见过比三尺还深的坑吗?'

"'没有,当然没有——连两尺半以上的都没有。'

"'好啦,你看见过比三尺还宽的坑吗?'

"'当然没有,连两尺以上的都没有。'

"'那么,我再问你这个问题:你看见过不到一尺深的坑吗?'

"'当然至少都得有一尺半深。因为如果树栽得太浅,一遇到风吹草动,它就会从地里跑出来。'

"'苏格拉底,那么你很明白这点:坑深决不超过二尺半,也决不少于一尺半。'

"'这是十分明显,一眼就看得出来的事情。'

"'还有,你能用你的眼睛区分干地和湿地吗?'

"'噢,我以为力卡贝塔斯附近的土地和与它相类的土地,可以当作干地的标本;而发雷瑞姆的低地和与它相类的土地,可以当作湿地的标本。'

"'那么你要给树秧挖坑时,对于哪一种土地要挖得深一些,是干地呢,还是湿地呢?'

"'当然是干地;因为如果在湿地上挖深坑,你就会碰到水,而水会使你不能种树。'

"'我认为你说得很对。现在假设已经挖好坑,你曾注意过树秧应该怎样①种到各种土地里面吗?'

① 此处原文定有错误。原稿上是 ὁπηνίκα(正在……的时候),但与此地所谈的问题毫无关系。想有脱漏。

“‘哦，注意过。’

“‘那么，假定你希望它们长得尽量快，你想，如果你在树秧下面放上一些已经翻刨过的土，那么，树秧是松软的土地里扎根成长得快呢，还是在未经翻刨的土地里扎根快呢？’

“‘很明显，它们在已经翻刨过的土地生根，要比在未经翻刨过的土地里更快些。’

“‘那么树秧下面一定要垫些土啦？’

“‘当然要垫些土。’

“‘如果你把整棵树秧栽得笔直，指向着天，你以为它会很好地生根吗？还是应该把树秧的一部分斜埋在铺在它下面的松软的土里，使它像一个颠倒的“γ”字母一样呢？’

“‘我当然要把树秧的一部分斜埋在土里；因为这样地底下可以有更多的发芽的地方。我看到地上面的树秧都从发芽的地方出芽，所以我觉得埋在土里的发芽的地方也是一样；如果土里面生出许多芽，我认为树秧就会长得又结实又快。’

“‘现在很清楚，在这几点上，你和我的意见也是一致的。可是你是只把土堆在树秧的周围呢，还是要把土弄坚实了呢？’

“‘我当然要把土弄坚实了；因为如果土不坚实，我相信一下雨松土就会变成泥，使树秧有由于水分过多而腐坏的危险，要不然太阳也会把土晒得从头干到底，使树秧因根部过热而枯萎。’

“‘那么，苏格拉底，关于栽种葡萄树[①]的方法，你的看法也和我是完全一致的。’

① 这里突然提葡萄树，也使人怀疑原文中有脱漏之处。

“‘这种栽种方法也能应用到无花果上吗?’

“‘可以,我认为可以应用到一切其他果树上;因为在葡萄树上获得良好结果的一些方法,为什么在栽种别的果树的时候弃而不用呢?’

“‘但是对于橄榄树——我们应该怎样栽种它,伊斯霍玛霍斯?’

“‘你知道得很清楚,只不过又想诱使我说话罢了。因为我相信你一定知道栽橄榄树的坑要挖得深一些(人们经常在马路旁边做这种事);你也知道所有的生长出来的嫩枝都有附着在它们上面的残干;你也知道所有的树秧的头上都包着一层胶泥,而且在地面上的那部分的树秧还要用东西缠起来。’

“‘是的,这些我都知道。’

“‘你是知道!那么这里面你还有什么不知道的事情呢?苏格拉底,你是不懂得怎样把破瓦片放到胶泥顶上吗?’

“‘伊斯霍玛霍斯,你所说的事情,当然没有什么我不知道的。但是,这又使我想,究竟是什么原因使我对于你刚才提出的问题回答一个“不”字,那时你只是简单地问我:我懂不懂种树?因为我觉得关于种树的正当方法,我没有什么可说的。可是由于你向我提出了详细的问题,我的回答——据你告诉我——就和你这样出名能干的农人的看法完全一致了!伊斯霍玛霍斯,提问题也能是一种教授的方法吗?事实是,我刚才已经发现你的一系列问题的用意啦!你沿着我所熟悉的知识之路引导我,指出来的事情好像都是我知道的东西,并且使我相信我确实懂得我以前自以为不懂得的事情。’

“‘可是假如我问你关于货币的问题，’伊斯霍玛霍斯说：‘我能使你相信你懂得怎样鉴别货币，把真钱和假钱区别开来吗？如果我问你关于吹笛人的事情，我能使你相信你会吹笛子吗？如果问你关于画家和其他艺术家的事情——’

“‘你能够，因为你已经使我相信我懂得农业，虽然我知道从来也没有人教过我这种技艺。’

“‘不，不是这样，苏格拉底。刚才我已经和你说过，农业是一种非常高雅可爱的技艺，你只须看看它，听听它，它就使你了解它。它本身能教给你最好的处理它的方法。例如，葡萄蔓自己爬到最邻近的树本上，这就告诉你它需要支架。在葡萄珠还很嫩的时候，葡萄叶子铺遮在它们上面，这就告诉你在这期间里，要把那叶子遮不着的地方遮蔽起来，使其不受日晒。但是到了葡萄需要日光来使其甜美的时候，它的叶子就脱落下来，这告诉你要去掉那遮挡阳光的东西，好使葡萄成熟。而且由于它丰饶多产，它既有很多已经成熟、甜美多汁的果实，同时也有还很酸的果实，这就告诉你说：采摘葡萄要像人们采摘无花果一样——随时选择摘取那已经熟透了的。’”

二十

“这时我问道，‘伊斯霍玛霍斯，农业既然这么容易学，而且所有的人都知道必须做什么，那么，为什么人们的命运不一样呢？为什么有些农人衣食丰足，绰有余裕，而另一些农人则不能维持最低生活，甚至负债呢？’

"'噢,我告诉你,苏格拉底。农人懂得种地或不懂得种地,并不是这一些人富足而那一些人穷困的原因。你决不会听到这样的话:倾家败产是由于播种人播种得不均匀;或者是由于他栽种得行列不整齐;或者是由于有人不懂得应该在什么地方种葡萄,把葡萄栽种在贫瘠的土地;或者是由于有人不知道应该准备播种的休耕地;或者是由于有人不知道应该给土地上肥料。你倒很可能听到人们这样说:某人从田地里不能得到麦子,是因为他怕麻烦,不肯去种地上肥;或者,某人得不到酒,是因为他怕麻烦,不肯栽种葡萄,也不肯用旧存粮造酒;或者,某人没有橄榄树和无花果,是因为他没有做任何栽种橄榄树和无花果的工作。苏格拉底,那些被认为在农业上有聪明创见的农人,在命运上并不能不同于别人;造成这种不同情况的,乃是上面所说的那些事情。对于军事领袖来说,这也是适用的:有人对某些门军事学掌握得比别人更好些,或者更差些,这并不是由于他在才智上有什么不同,而无疑是由于小心谨慎的程度不同的关系。因为所有军事领袖及大多数士兵都懂得的事情,有些指挥官就做,而另一些指挥官就不做。例如,他们都知道,在敌国境内行军时,应该列成万一有事时最适宜于作战的队形。尽管都知道这一规则,可是有人遵守它,也有人不遵守它。他们都知道野营前面昼夜都应该派放哨兵,但是这一项任务也是有些人重视它,有一些人不重视它。而且,哪里有不懂得狭路行军最好是先占据一些有利地点的人?可是这一预防措施也是为一些人所认真采用,而为另一些人所忽视。同样,每个人都会说肥料是农业中最好的东西,而且他们的眼睛告诉他们自然界就生产肥料。所有的人都清楚地知道肥料是怎样产生出来的,都知道肥料很容易获得，要多少有多少；可是，有的人很注意收集肥料，而另一些人却完全不重视它。然而，上天会降雨，使所有的凹地变成水塘；土地会生长各种各样的草，播种人在播种以前必须除去地面上的这些草；而且他所清除的废物也只能扔到水里，时间本身就产生出土地所喜欢的东西了。因为各种草、各种脏东西泡在不流动的水里，都会变成肥料。'

"'而且，当土地太湿不适宜于播种，或盐分太大不适宜于栽种的时候，处治这种土地的各种方法——怎样开沟放水，怎样掺和无盐的物质（液体的或干的）来中和盐性——都是大家所熟知的。然而这些事情也不总是为人所注意。假定一个人完全不知道一块土地能够生产什么，看不见这块土地上的庄稼或树木，也听不见别人说这块土地的真实情况，可是，对于任何人来说，要试验一块土地的好坏，不是比检查一匹马或是检查一个人容易得多吗？因为土地从来不耍花招儿，它总是坦率真实地告诉人它能做什么和不能做什么。我认为正因为土地没有不让我们知道和了解的事情，所以它是最可靠的测验好人和坏人的标准。因为这不像其他技艺，懒人是不能拿不懂得作借口的：大家都知道，只要好好照料土地就可以得到良好的结果。对于不忠实的人，农业乃是很精明的谴责者。因为任何人都不会相信人没有面包可以生活；所以，如果一个人不愿意种地，又不懂其他可以赚钱的手艺，他显然就是想靠偷、抢或要饭生活——要不然他就是一个十足的大傻瓜。'

"'种地，'他补充说，'可能生利，也可能亏蚀；即使在使用很多劳工的时候，农场主注意或不注意让这些劳工在工作时间里好好工作，对于结果是有很大关系的。因为十个人当中有一人全部时间都好好工作，就很可能有不同的结果，另一个人不到时间就停止工作也会产生不同的结果；而且，当然，如果让人们整天都懈懈怠怠的，那么，少做的工作很容易就等于全部工作的一半了。正像两个在路上的旅客，他们同样年轻，同样健壮，可是由于一个人始终像他刚出发时一样，一直往前走，而另一个人却安闲自在，一会儿在泉水旁边或树荫下面歇下来，一会儿赏玩风景，一会儿享受和暖的微风，他们的速度就会大不相同，前者走二百里，而后者只走一百里；在农业工作中也是如此，在认真做他们所承担的工作的人，和不好好做他们的工作而捏造各种不工作的理由并被允许懈懈怠怠的人们之间，在效率上是有很大距离的。实际上，好好工作与不诚实的偷懒之间的差别，和真正工作与真正懒惰之间的差别是一样的。假如给种葡萄的土地清除杂草：如果除草工作做得很不好，杂草反而长得更多更茂盛，那你除了说它是懒惰以外还能说它是什么呢？'

"'所以，这类坏事对于财产的损害要比单纯的缺乏知识严重得多。因为在财产方面的开支丝毫没有减少，而所做的工作却不足以在这种开支上得到利润；所以如果预期中的盈余变成亏损，那是无足为奇的。另一方面，对于一个小心谨慎、热心经营农业的人来说，没有比种地更能生利的事情了。我父亲教给我这句话，并且用他自己的实际行动来证实它。他从来不让我买已经耕种得很好的土地，而强迫我买由于原主懈怠或无能而未耕耘、未栽种过的土地。他总是说："耕种得很好的土地代价大，而且不能再改进了。"他认为如果没有改进的余地，那么，从土地上就得不到很大的快乐，因为地产和牲畜都必须继续不断地一天比一大好以使人得到最大的满足。最大的改进无过于使一片荒野变成肥沃的田地了。我向你保证，苏格拉底，我们常常给一块土地增加上百倍的价值。这种办法里面有很多钱呢，苏格拉底，而且非常容易学，我刚一告诉你，你就会和我一样地懂得它，如果你愿意，还可以回家去教给别人。而且，我父亲得到这一知识并不是听来的，也不是经过深思熟虑才发现的；但是他常常说：由于他喜爱农业和努力工作，他很希望得到这样的土地，好让他能够有事可做，把赚钱和娱乐两件事结合在一起。我向你保证，苏格拉底，我相信任何雅典人都不会像我父亲那样对于农业有如此强烈的自然的爱情。'

"听了这句话，我问道，'伊斯霍玛霍斯，你父亲是把他所开辟出来的土地全部保留着呢，还是在能够得到好价钱的时候把它们卖出去呢？'

"'当然是卖出去，'伊斯霍玛霍斯回答说，'但是，你要知道，由于他那勤勉的习惯，他总是立刻就另买一块荒芜的土地。'

"'伊斯霍玛霍斯，照你这样说，你父亲真是像商人喜爱粮谷那样热情地喜爱农业啦。商人非常喜爱粮谷，一听到什么地方有丰收的消息，就会航海去寻找它；他们将渡过爱琴海、黑海、西西里海；当他们得到尽可能多的东西以后，就带着这些东西漂洋过海，实际上他们把这些东西就装载在他们自己乘坐的船只里。当他们需要钱的时候，他们并不是无目的地随意在什么地方抛售他们的粮谷，而是把它运到他们听说粮谷最值钱、人民对于它评价最高的地方去，在那里把它卖给这些人。对啦，你父亲的喜爱农业好像和这是一样的。'

"'苏格拉底，你在开玩笑，'伊斯霍玛霍斯答辩道，'可是我认

为一个人如果在他的房子刚刚盖好以后就卖掉，然后再建筑新房，这不能说他不是真心喜爱建筑。'

"'当然；伊斯霍玛霍斯，我发誓说我相信你的话，所有的人天然都喜爱他们认为能够给他们带来好处的东西。'"

二十一

"'可是我正在思量你在提出证明你的看法的全部论证时所使用的技巧，伊斯霍玛霍斯。因为你说农业在一切技艺中是最容易学的，听了你所说的话以后，我也相信它确是这样了。'

"'当然是这样，'伊斯霍玛霍斯喊道；'但是，苏格拉底，说到指挥的才能，不错，它对于各种事业——农业、政治、财产管理、战争——来说，都是共同的；可是在这方面，不同的人所表现的才智却又很不相同。例如在一只战舰上，当它航行在大海中，水手必须终日辛勤劳动才能到达港口的时候，有的水手长能够用合情合理的言行来鼓励士气，使他们努力工作，有的水手长则非常愚蠢，以致要费一倍以上的时间才能完成同一航程。在这边，他们上岸的时候浑身是汗，可是水手长和水手们你祝贺我，我祝贺你。在那边，他们到达港口时身上干干的，可是大家恨水手长，水手长也恨大家。军事领袖在这方面也是各不相同。因为有的军官使他们的士兵不愿意工作，不愿意冒险，除非在强迫之下，也不愿意服从命令，实际上以反抗长官自豪。唉，他们甚至使他们的士兵在发生不名誉的事情的时候不觉得可耻。可是如果让有天才的、勇敢的、有学问的军官来率领这同一军队，或任何军队，那就完全不同了。他对他们有什么影响呢？他们以做不名誉的事情为耻辱，认为最好是服从命令，而且把服从命令当作是值得自豪的事情。每一个人以及全体在需要工作的时候，都高高兴兴地从事工作。正像热爱工作的心情可能在一个普通士兵的心中到处滋长一样，整个军队在一个好领导的影响下，也受到事业心和进取心的鼓舞，在指挥官的眼底下立功扬名。这就是士兵对于他们的指挥官的感情；我告诉你，他是强有力的领袖，他不是最强壮的士兵，不是最好的弓箭手和标枪手，不是骑着最好的马、最先去冲锋陷阵的人，不是理想的骑士或盾手，但是他能够使他的士兵觉得他们有责任跟随他去赴汤蹈火。你可以合理地把他叫作有高尚志气的人，他有很多有同样志气的追随者；也有理由可以说他是“带着一支强有力的军队”行军，他的意志是很多军队都准备为之服务的；他也确实很伟大，他能够凭他的意志而不凭他的力气做出伟大的事业来。

“‘在私人事业中也是如此，有权的人——管家或经理——如果能够使工人敏捷、勤勉、坚忍不拔，他就是能够使业务兴旺，利润增多的人。但是，苏格拉底，如果主人——具有惩罚不良工人和奖励努力的工人的绝对权力的人——来到田地里的时候，对于工作人手不能有显著的影响，那么，连我都不会羡慕他。可是，如果他们一看见他就振作起来，每个人心中都激起坚决的意志和争强赌胜的精神，那么，我就要说：这个人身上有一点儿国王般的味道了。在我看来，在一切需要有人的劳动的工作里，这是最重要的事情，所以在农业中也是如此。请你注意，我可没有说这种事情是看一看或听一听就能学会的。正相反，谁要想学得这种本领，他必须受教育，必须有很好的天赋，尤其重要的是，他必须是一个天才。因为我认为这种才能决不是人为的，而是神授的——这种赢得人们甘心服从的本领，它显然是神对于小心谨慎的真正信徒的一种赐予。至于用专制手段来统治不甘心服从的属下的办法，我觉得，那是神给予他们认为应该过坦塔勒斯[①]的生活的那些人的，据说坦塔勒斯永远在地狱里过日子，担心着永久的死亡。'"

① 希腊神话中宙斯之子，因泄漏父亲的秘密，被罚立湖中，渴而欲饮，则水忽退，饥而欲摘取其头上的果实，则果实升高，备受痛苦。——译者

雅典的收入

增加雅典国家收入的方法[①]

一 关于亚狄加[②]的土壤和增加其收入的可能性

我总是认为：无论统治者具有什么特性，他们所领导的政府也会具有与之相似的特性。但是，有些统治雅典的人一向被认为像别人一样懂得公正是什么，可是他们却说：因为平民贫困，他们不得不对同盟的城市做一些不大公正的事情。因此，我曾努力考查，公民是不是可以借助于他们的本国资源来维持生活，因为这样维持生活才是最公正的。我想如果真能如此，则既可以改善他们的穷困状况，也可以消除他们在其他希腊人之间所惹起的猜忌了。

当我仔细思考我的观察所得时，我就觉得这个国家得天独厚，具有大量收入的来源。为了使人了解我所说的话是真实的，我愿

① 本文是根据沃森(J. S. Watson)的英译转译的。——译者

② 亚狄加，古代中部希腊的一国，其主要城市为雅典。——译者

意先对亚狄加的自然资源加以说明。

土地产品证明亚狄加一年四季都是极为温暖的；因为在许多国家内甚至不能成长的东西，在亚狄加都能成熟结果。而且，和土地是最肥沃的一样，环绕陆地的海洋也是同样丰饶的；神在各季所赐予的各种果品，在这个国家内结实最早，而凋谢最迟。土地不仅就每年成长和凋谢的东西来说是上等的，而且还具有经久的利益；因为它供应充裕的石料；这些石料可以用来建筑最宏伟的庙宇、最华丽的祭坛，以及雕刻最优美的神像；而且这些石料也是很多希腊人和很多蛮族[①]都希望享有的。诚然，有一部分土地虽然播种仍不能结实，但如深入挖掘，它们却比生产五谷能养活更多的人，因为在地面下——无疑是出于神赐——藏有白银；虽然有许多国家，从陆路或海路来说，都处在邻近，可是即使是最细小的银矿脉也没有延伸到其中任何一个国家。一个人会很合理地想到雅典位置在中央，不但在希腊的中央，而且在整个有人住的世界的中央；因为人们离雅典越远，他们就觉得越冷或越热；而且任何旅行者想从希腊的一端到另一端去，都必须或由水路或由陆路经过雅典，作为他们环行的中心点。虽然雅典不为水所围绕，但它正如一个岛屿一样，借助于各种风向吸引来它所需要的一切东西，也输送出它愿意出口的东西，因为它两面临海。由于它接连大陆，它也通过陆路输入种类繁多的商品。并且，对于许多国家来说，住在它们边境的蛮族经常使它们感到烦恼；但与雅典人为邻的各国本身却离开蛮族很远。

① 按希腊人和罗马人对于异族人统称为蛮族，就是对于文明的异族也是如此。——译者

二　关于吸引更多外国人侨居雅典的可能性

正如我所说，我以为土地本身就是产生这些利益的原因；如果在这种自然惠赐上再加上，第一，对侨居雅典的外国人的利益予以照顾（因为我以为这种收入来源是最好的收入来源之一；因为外国人一方面维持他们自己的生活，一方面也给他们所寄居的国家提供很大的利益；他们不向公家领取津贴，却缴纳外国人应该担负的捐税），那么，这种照顾在我看来可能是最有利益的；特别是如果我们同时豁免他们那些对于国家没有裨益，而对于他们则显得——是一种不光荣的标志的负担；如果我们同样免除他们作为重步兵和我国公民一道去参加作战的义务，那就要好，因为这些事情所引起的危险是大的，而且对他们说来，弃业离家也是很大的苦恼。如果只是本国公民在战场上并肩作战，而不像现在那样混杂有里底亚人、叙利亚人、弗利治亚人和其他各国家来的蛮族，[①]那么，国家也将得到更大的好处。除了伴随豁免外国人参加军队而来的好处以外，让人看到雅典人在战场上只信赖自己而不信赖外国人，这也是国家的一种荣誉。其次，当我们使外国人分享适宜于他们分享的其他特权时，照我的意见，如果我们让他们也参加骑兵队，我们就能使他们对我们抱有好感，从而增加我们国家的力量，使我们国家更为强大。此外，由于城里有许多可供建筑的土地还没有房屋，

① 里底亚和弗利治亚都是小亚细亚的古国。——译者

我以为如果国家允许把这些土地给予那些愿意在上面建筑房屋而且——当他们申请使用土地时——看来是值得给予的人，那么，很多可尊敬的人就会愿意在雅典得到安身之所。如果我们像对于孤儿设有保护制度一样，再制定一种保护外国人的制度，并对那些能够带进最多外国人的人们予以某些奖誉，那么这种办法就能使外国人更甘愿处在我们统治之下，而且那些在别的城市中没有住所的人，也会渴望在雅典找到安身之所；这样就会增加雅典的公共收入。

三　关于授予商人特权，以及增加贸易可能得到的利益

为了证明雅典是一个最好的和最能生利的贸易地点，我愿详陈下列细节。首先，雅典拥有各种船只的最优良和最安全的港口，航海者如遇风暴可以在此停泊和休息。其次，在大多数其他城市中，国外商人们必须以其某种商品交换另一种商品，因为居民所使用的货币不能越出国境以外；而雅典一方面拥有外国人所需要的大量出口货物，另一方面，如果商人不愿意物物交易，他们还可以运走我们的白银，作为最好的货载；因为他们无论在什么地方卖掉这些银子，他们所得总比它们原来所值为多。

然而，如果我们对于商事法院的法官给予奖赏，奖励那些能最公正和最迅速裁决争端的法官，从而使愿意出航的人不致受阻，那么，就会有更多的人更愿意同我们贸易。如果在公共庆祝典礼上把那些开来船只并带来大批值钱商品因而有利于国家的商人和船

主尊为上宾，并时常邀请他们参加宴会，那也会增加我们的利益和声望，因为他们受到如此敬意的款待，就会很快地像到朋友那里去一样再回到我们这里来，不仅是为了赚钱，而且是为了受到尊敬。寄居在我国和来我国访问的人越多，显然就会有越多的商品进口、出口和出售，并且也会使我们获得更多的利润和贡赋。为使这些收入的增加能够实现，我们只须采用宽厚的法令和谨慎的监督，不必另付任何其他代价。

为了获得其他似乎可以到手的收入，我认为需要设立一种基金。当我回忆到在赖西斯特拉图斯的指挥下以及在希吉西劳斯的指挥下援助阿卡狄业人的时期里全国捐输了多少时，我依旧未绝望于公民会欣然为此而捐献。我也知道战舰出征，耗费甚大；当远征结果是好是坏无把握时，这些战舰就已经造成，然而十分肯定的是，捐献者从不打算收回所出的钱，甚至也不打算收回一部分。但是，现在公民能够获得的收入，再也没有比从他们所捐献的这种基金所获得的收入更可靠的了；因为那些捐献十麦纳[①]的人，将得到本金的五分之一，作为从船队上得到的利息，因为他每天可以收到三个奥波尔；[②]那些捐献五麦纳的人，将有比三分之一还多的收入。大部分雅典人无疑每年所得将比他们捐献的还多；因为那些捐献一麦纳的人将有几乎两麦纳的收入，而且这种收入还是在城市中支付的；它也似乎是在世间财产中最安全和最经久的收入。在我看来，如果再将捐助我国的人的名字记载下来，传于后代，那

① 古希腊的货币单位，约值英币四镑。——译者

② 古希腊的小银币，约值英币一便士半。——译者

么很多外国人以及某些城市都会对我们有所捐输，借使名传青史。我还认为一些国王、其他诸侯以及州长们都将愿意分享这种令人满意的谢礼。

当基金建立以后，在目前各港口原有宿舍之外，再建筑一些宿舍安顿海员，对于国家是光荣的，也是有利的；在便利买卖的场所为商人建造房屋，并为来到雅典的各种人物建造一些公共招待所，也是适当的。此外，如果在培雷埃斯和城里为零售商人建造一些房屋和店铺，那它们不但对雅典是一种装饰品，而且也可以由此获得大量的收入。我还认为应该去试一试，国家是不是可以像拥有公共战舰一样，也拥有运输商货的公共船只，并且像出租公共所有的其他东西一样，只要有人提出保证，就把它们出租。如果此事可行，那么从这个泉源也可以获得大量的收入。

四　关于亚狄加银矿的范围·如何使这些银矿对国家有利·对所提计划可能产生的反对意见的答辩

如果我们的银矿也能得到它们应该得到的适当管理，那么我认为我们除了其他收入以外，还可以从银矿上得到很大的利益。对于不明了这些银矿的价值的人们，我愿加以说明，因为当你们知道后，你们就能够更好地作出整顿这些银矿的计划了。银矿在远古时代已被采掘，这是众所熟知的事实；因为的确没有人试图指出银矿是在什么时候开始的。但是，虽然很久以前就已经挖掘和开采含有白银的土地，但试想一想已被掘出的土堆比诸仍处在自然状态、下面含有白银的丘陵是何等小的一部分吧。可供开采白银的场所也一点也没有显得减少，反而不断在扩大中；当矿山中有极多数的人在工作的时候，从来没有人缺乏职业，而已雇用的人手却总是不能满足工作的需要。而且，目前在矿中拥有奴隶的人，谁也没有减少这些奴隶的人数，事实上反而尽可能不断增加他们的数目；因为如果只有少数人从事于采掘和勘测时，所获宝藏必少，但如使用人数增多时，就可以发现更多的银矿；所以在我所熟悉的各行各业中，只有银矿业，其中没有人嫉视别人扩张其经营范围。一切拥有农田的人都能够说出他们的土地需要多少对牡牛和多少人手。如果送到田里的牛和人手多于需要，他们就会认为是一种损失。但开采银矿的人却总说他们经常缺少工人。因为在这种情况下所产生的结果，不同于黄铜业中人数过多所产生的结果，当黄铜器皿的价格必然变得低廉时，工人就破产了；同样，也不同于铁匠过多时所产生的结果；也不同于五谷和酒类过剩时所产生的结果，当土地产品价格低廉时，农业就无利可图，许多农民就会放弃耕耘而从事商业、旅店业或借贷业；然而，谈到银矿，发现的银矿愈多，采掘的白银也愈多，从事开采银矿的人数也就愈多了。当人们拥有足够的供住宅使用的家具时，他们不十分想添置更多的家具；可是谁也不会有多到不希望再多的白银；如果他们拥有的白银太多，他们就把它储藏起来，他们喜欢储藏白银不亚于他们喜欢使用白银。而且，当社会繁荣时，白银的用途是很大的；因为男人准备购买优良的武器、骏马、豪华的宅第和家具，而女人也急于购置贵重的服装和金饰。另一方面，如社会处于灾难的境地时——不论是由于歉收或受战争的影响——人们对于白银的需要更为迫切，因为土地闲置未耕，就更需要白银来购买粮食和支付外来援军的费用。

如果有人说，黄金在这些用途上并不比白银差，我并不争辩这种说法的真实性；但我同时觉得如果黄金数量过多时，便不大值钱，而使银价腾贵。我所以这样说，是为了要使我们有信心地派送尽可能多的工人到银矿里去，并且应该有信心地继续经营我们的银矿，要完全相信银矿不致失败，而且白银也不致变得不值钱。然而，我觉得，似乎国家知道这种情况远比我为早，因为它允许任何愿意到矿里工作的外国人在矿里工作，只要他们同公民一样缴纳税款。

如果我不能从公民的生计方面把这些问题说得更为清楚，我将说明银矿应如何管理方可对国家最为有利。然而，对于我所要说的一些话，我并不希望博得赞美，好像我发现了难以发现的问题；因为我所要说明的一部分事实，都是目前摆在我们面前的，而我们所听到的过去的情况也都有完全相同的性质。但是我们不能不感到诧异：国家虽然知道很多市民借国家的资源而致富，可是它仍未仿效他们的办法；因为我们——至少是注意这种事情的人——确实很早就听到：尼塞拉图斯的儿子尼西阿斯保有在银矿中使用的奴隶一千人，出租给色雷斯地方的索西阿斯，条件是每人每日收取租费一奥波尔（不扣除一切费用）；而且尼西阿斯从不减少出赁奴隶的数目。希波尼可斯也以同样的收费率出租奴隶六百名，这使他每天能够得到一个麦纳的净收入；菲列摩尼出租三百名奴隶，每天得到半麦纳的收入；而且我以为还有一些别人各按其资力拥有一定数目的奴隶。但当目前在矿山里有很多奴隶可以出租的时候,我又何必详论往事呢?如果我的提议能够实现,那么,这个办法中唯一新的东西就是:像私人因拥有奴隶而获得经常收入一样,国家也应该拥有公共奴隶,其数目应该三倍于雅典公民。

我所提议是否可行,让那决定取舍的人就我的每一个论点考虑以后再加以论断。谈到购买奴隶所需的费用,国家获取这种费用显然是比私人更方便的。元老院不难颁布一项公告,规定只要人们愿意就可以把奴隶带到市场,然后由国家把送来的奴隶全部买下来。国家购入这些奴隶以后,如果出租的条件和私人出租的条件一样,人们为什么不能像从私人那里租用奴隶一样,从国家那里租用奴隶呢?至少他们也从国家那里租用供神用的土地、庙宇和房屋,并且也承包国家的捐税。国家可以安全地保持为公众购进的奴隶,因为国家可以向租用奴隶的人们索取保证,正如向包税的人索取保证一样;的确,承包捐税的人比向国家租用奴隶的人更易欺骗国家,因为在国家的货币和私人的货币完全一样的情况下,谁能分辨出哪些货币是被盗窃的公款呢?但如果给国有奴隶身上烙上官印,对于出卖和输出这种奴隶的人科以刑罚,那么,谁敢去偷窃奴隶呢?所以,这样看来,国家获得并保持奴隶是可能的。

如果有人怀疑,当国家已经获得很多奴隶之后,会不会也有很多人去租用他们,那么,请他鼓起勇气来好好想一想:许多已经拥有奴隶的人仍会租用属于公共的奴隶(因为需要使用奴隶的工作是很多的);况且,在工作中的很多奴隶已日趋衰老,同时又有很多雅典人和外国人,他们不能也不愿意从事体力的劳动,而愿意愉快地以精神劳动来管理企业，谋求生计。如果国家首先购入一千二百名奴隶，那么，在五年或六年的时间内，依靠从这些奴隶身上所得到的收入，会使奴隶的数目增加到不少于六千人；如果这六千名奴隶每人每天带来一个奥波尔的净收入，那么每年可收入六十塔兰[①]。如果在这六十塔兰中，用二十塔兰去购买更多的奴隶，国家可随意将其余四十塔兰用于任何被认为正当的用途。当奴隶达到一万人的时候，国家每年就可以从他们身上收到一百塔兰。

如果有人还记得在德西列亚战争以前，由奴隶身上所得到的收入曾达到如何的高度，就会同意我对于国家将得到比上述更大得多的收益的想法。我可以对此推断提出另一证据，就是：虽然有无数工人不断地被使用在矿内工作，但他们目前的情况与我们祖先所记得的他们的过去情况并无差别。的确，现在在矿内所做的事情表明：奴隶人数永远不会多于工作的需要，因为被用来掘矿的人觉得他们挖掘的深度和广度是无止境的。开凿新矿在目前肯定地和从前一样是确实可行的；任何人也不能根据某种知识来断言，业已开掘的银矿要比尚未开采的银矿蕴藏有更多的白银。有人或许要问：既然如此，为什么现在人们不像从前那样去开采新矿呢？这是因为从事矿业的人现在比较贫困；因为只是在最近银矿才又重新开采；开采新矿的人要冒很大风险；发现一个可以有利运用劳动的场所固可致富，但如果找不到这种场所，他将损失所有的费用；所以目前人们决不愿意去冒这种风险。

然而，我以为我能够针对这种困难提出一些意见，表明如何能

① 古希腊货币。——译者

在最安全的情况下进行新的工作。在雅典居住有十个种族，如果国家拨给每族以同等数目的奴隶，让每一种族都去开采新矿，并使他们共同担负开采的后果。这样，只要一族能够有有利的发现，就对全体都有所裨益。但如果有两个、三个、四个或者一半以上的种族都能有所发现，那么很明显，其所获将相应地更有利于全体；至于十个种族完全失败的情况，从过去经验来看是不可能的。私人也可能休戚与共地组织在一起，这样就可在更安全的状况下经营新矿；你们既不必担心这样组织起来的公共团体会损害私人冒险家，更不必担心私人冒险家会予公共团体以不便；正如战场上的同盟者，结成同盟的人数愈多，各自的实力就相应地愈为强大；在银矿中使用人数愈多，则其所获将愈多，而带给国家的利益也愈大。

我现在已经说明我的想法：怎样安排公共事务，使全体雅典人民可以借助于我们的公共资源来维持充裕的生计。

如果有人因为做这一切工作将需要巨额的基金，以为决不会得到足够的金钱，请他们不必因为这种顾虑而沮丧吧！因为这些事情无需同时并举，也不是不同时并举就得不到利润。无论是建筑房屋，或者是建造船舶，或者是购买奴隶，都可以马上带来利润。逐渐地完成这些事情，一定比同时并举更为有利；因为同时并举，比之逐渐完成，不但代价大，而且效率差。如果我们要同时得到很多奴隶，那我们就不得不在较差的条件下以较高的价格购买他们。然而，如果按照我们的能力来处理事务，我们就可以继续不断地进行已经计划好了的工作；如果发生错误，我们可以注意不去再犯。此外，如果马上要百废俱举，我们就必需同时获得各种建设所需的手段；但是，如果现在先完成一部分，另一部分从缓，那么现在所得到的收入可以有助于置办将来事业所必需的东西。

至于每个人最感担心的事情——我是指，如果国家购进过多的奴隶，矿里可能人浮于事——只要我们每年送进矿里的人数不多于工作的需要，那么这种疑虑就可消除。所以，我以为最易于实行这些计划的方法也是最好的方法。再者，如果你以为由于在日前战争中已经有所捐献，你不可能再作进一步的捐献，那么，无论在媾和以前从租税中收到多少钱，你可以把这笔钱用在次年的行政开支上；无论由于媾和、由于对侨民和商人的照顾、由于因更多的人到我们这里来而增加的商品输入和输出、由于在港口销售商品数量的增加而多得的税收是多少，你可以把这笔多得的款项用在能够极度增加公共收入的用途上。然而如果有人担心，万一战事发生，我们这些办法就会完全无效，那么，请他考虑一下：即使战争爆发，战争对于攻击我们的人将比对于我们更为可怕。因为对于战争来说，除了人口众多以外，还有什么东西更为有利呢？因为他们可以被配置在很多公共船舰上，同时还有很多人在陆地上为国服务，只要我们好好对待他们，他们是会奋起抗敌的。

其次，我以为即使战争爆发，我们也能够不放弃我们的银矿；因为我们知道在阿那夫里图斯的银矿附近，朝南的海岸上有一要塞，另外在索里克斯的银矿附近，朝北的海岸上也有一个要塞，这两个要塞彼此相隔六十夫朗[①]。如果在这两个要塞之间的比沙山顶建立起第三个要塞，劳动者就可以退却到这些要塞中的任何一个。如果他们看到敌军迫近，每一个人退却到安全地带的距离都

① 长度名，每一夫朗等于一哩的八分之一。——译者

是很短的。万一有人数众多的敌人到来，他们在防御工事之外发现五谷、酒类和牲畜时，当然要把它们带走；可是，即使他们占领矿坑，他们除了能拿到一堆石头以外，还能拿到什么呢？然而，敌人又如何能向银矿进犯呢？因为最靠近银矿的墨加拉城，离开银矿也在五百斯推底[①]以上；除了墨加拉以外，另一个最近的城是底比斯，它离开银矿有六百多斯推底之远。他们要向银矿进攻，无论来自何方，必须经过雅典城；如果他们来的人少，他们可能为边界上的骑兵和守卫队所击溃；至于他们大举进犯而使自己国内空虚不设守备的情况是难以想象的，因为雅典城对于他们的城市的距离比起他们入据银矿时离开他们自己城市的距离为近。即使他们大举进犯，但当他们缺乏粮食的时候，他们又如何能久驻呢？因为，如果他们结成小队觅食，那么无论对觅食的小队或对留居后方准备作战的人们来说，都冒着危险；如果总是整队出去劫掠粮食，就会被围攻，而不可能去围攻别人。

所以，不仅出租奴隶的收入会增加城市的财源，而且，因为多数居民会聚集在银矿附近，就可以从那里举行的市集中、从银矿周围公共建筑的租金中、从熔炉和其他类似的泉源中得到大量的收入。而且，如果我们的城市得到这些好处，它的人口就会特别兴旺，而银矿附近的土地价值对于所有者而言，也会上升到同雅典周围土地的价值一样。如果我所建议的一切都能实行，我断言国家不仅将得到更充裕的金钱供应，而且也将变得安定和有秩序，并且对于战争也能有更好的准备。那些被指定训练青年的教练将会在

① 希腊长度名，每一斯推底等于一百八十五公尺。——译者

体育馆更尽心守职，因为在那个时候他们可以得到比现在作传炬竞走游技所长的人更多的收入；对于那些派驻在防地的人、编制在轻盾武装部队的兵士以及遍及全国的守卫军队，如按照他们的职责支付薪给，他们就会更好地履行他们的职责。

五　必须和平才能保持和增加收入

要从全国征集到充裕的收入，必须有和平的环境，如果这点是很明显的，那么，我们任命一些保安的官吏不是很适当的吗？因为这种官职一旦设置，它就会使所有来访的人觉得这个城市更为可爱，因而更常常来访。然而，如果有人认为我国要是总是维持和平，它在全希腊的势力、名声和威信就会受到损害，我认为，这些人的疑虑是毫无根据的，因为，在和平环境中呆得最久的国家一定最为繁荣；而且在一切国家中，雅典是天生最适宜于在和平环境里日趋繁荣的国家。的确，如果雅典处在和平状态，什么人——特别是那些船主和商人——会不渴望到这里来呢？那些拥有大量谷物、普通酒、甜酒、橄榄油和牲畜的人，以及凭借机巧和贷放款项谋利的人，谁不愿意到这里来呢？还有那些技工、诡辩家、哲学家、诗人以及想要学习他们的作品的人、想要参观值得看看听听的祭典或宗教仪式的人、急欲脱售和买进很多货物的人，除了在雅典以外，还有什么地方能更好地达到他们的目的呢？如果没有人能够否定地来回答这些问题，可是还有一些想要恢复我国霸权的人，以为战争将比和平更能实现这一目的时，那么，让他们首先仔细想一想：当波斯入侵时，究竟是由于军事的力量，还是由于善于在希腊人之间斡旋，我们方能居于海军同盟之首，并成为希腊的财政管理人。此外，当我们的国家由于被认为行使权力过于横暴，被夺去它的霸权以后，我们不是由于放弃了侵略政策，重又为岛国人民一致拥戴为舰队的领袖吗？底比斯人没有因为他们所受到的利益，而让雅典人去领导他们吗？就连斯巴达人也并非因为受到压力，而是因为我们曾经帮助过他们，就让雅典人随意决定有关最高军事指挥方面的问题。目前虽然全希腊骚乱不安，但我以为这是使所有希腊人重又归服于我国的良机，既无困难，也无危险，更不花费；因为我们可力图使彼此作战的各国言归于好，并且我们还可试使那些已分裂的国家再统一起来。如果你不结成军事同盟，而用派遣使节周游全希腊的办法，来使人明了你急于要使德尔斐[①]地方的神庙恢复从前那样的自由，那么，毫无足奇，你将会发现所有希腊人都准备同意和你结成同盟，来反对那些在佛西斯人撤出德尔斐神庙后，想夺取德尔斐神庙主宰权的人[②]。其次，如果你能说明你希望和平遍及整个大陆及海上，那么，我以为所有希腊人除了关心他们本国的安全以外，一定会为雅典的安全而祈祷。

如果还有人认为战争比和平更能增益我们城市的财富，我以为除了考虑从前发生的事情曾对我们城市起过什么影响以外，没有什么别的办法来更好地解决这个问题。作这样的考虑，他就将发现在和平时期里，我们城市曾积下大量金钱，而在战争时期它们都被花光了。如果他注意这个问题，他就会明白很多种收入现在

① 以阿波罗神殿著称的希腊旧都。——译者

② 指马其顿王腓力二世。——译者

都因战争而显得支绌，那些曾用于生产方面的金钱已花在各种紧急的用途上了。然而，现在海上已达成和平，收入正在不断增加中，所以，现在公民们可以任意使用它们了。

如果有人问我这个问题："你是不是说，即使有任何强国没有理由地攻击我国，我们亦必须对它维持和平？"我要说我完全没有这种意思。我可以肯定地说：如果我们能表明我们的人民没有人妨害别人，那么我们将更有利地反击侵略者；因为如果这样的话，我们的敌人就会连一个帮手都得不到。

六　从上述计划中将得到的利益，祈求神助和神的保护

所以，如果上面所述的一切并非不可能，甚或并不困难；而且如果我提议的计划能够实现，我们就能使一般希腊人对我们更为亲善，使我们的生活更为安泰，声望益为卓越——如果能使平民获得充分的食物供应，并能减轻富人的战费负担——如果随着富庶的日增，我们就可以举行比现在更为庄严的祭典，可以修缮神庙、重建城墙和船坞，并可以恢复祭司、元老院、地方长官和骑兵的公民权利；那么，我们尽速开始实行这些计划，借使我们有生之日可以目睹我国在安全环境下日趋繁盛，这难道是不应该的吗？如果我们决心实行这些办法，我建议派人到多顿那[①]和德尔斐去求神示，问一问国家这样管理自己对目前和后代是否更好和更为有利。

① 以宙斯神殿著称的希腊古都。——译者

如果神祇同意这些办法，我以为我们还应该问一问，我们应该供奉哪一个神，借使我们的计划能在最良好和最有效的方式下进行。不论他们的回答中是指出了哪一个神，我们都应该通过祭祀去祈求吉兆，然后再开始我们的行动。因为如果我们的事业开头就得到神的维护，其结果将会逐渐引导我们国家达到更为繁荣和更为富庶的境地。

图书在版编目(CIP)数据

经济论;雅典的收入/(古希腊)色诺芬著;张伯健,陆大年译.—北京:商务印书馆,2017
(汉译世界学术名著丛书:120年纪念版:珍藏本)
ISBN 978-7-100-14086-7

Ⅰ.①经… Ⅱ.①色… ②张… ③陆… Ⅲ.①经济思想史—古希腊 Ⅳ.①F091.1

中国版本图书馆CIP数据核字(2017)第137965号

汉译世界学术名著丛书
(120年纪念版·珍藏本)
经 济 论
雅典的收入
〔古希腊〕色诺芬 著
张伯健 陆大年 译

商 务 印 书 馆 出 版
(北京王府井大街36号 邮政编码100710)
商 务 印 书 馆 发 行
南京爱德印刷有限公司印刷
ISBN 978-7-100-14086-7

2017年12月第1版 开本710×1000 1/16
2017年12月第1次印刷 印张6¼
定价:42.00元